U0607568

精短文
写作方法
88讲

李和忠 著

中国文史出版社

图书在版编目（CIP）数据

精短文写作方法 88 讲 / 李和忠著 . —北京：中国
文史出版社，2021.1

ISBN 978-7-5205-2776-7

Ⅰ . ①精… Ⅱ . ①李… Ⅲ . ①汉语—写作 Ⅳ .
① H15

中国版本图书馆 CIP 数据核字（2020）第 250626 号

责任编辑：蔡丹诺

出版发行：**中国文史出版社**
社　　址：北京市海淀区西八里庄路 69 号　　邮编：100142
电　　话：010-81136606　81136602　81136603（发行部）
传　　真：010-81136655
印　　装：廊坊市海涛印刷有限公司
经　　销：全国新华书店
开　　本：787×1092　　1/16
印　　张：17
字　　数：287 千字
版　　次：2021 年 4 月北京第 1 版
印　　次：2021 年 4 月第 1 次印刷
定　　价：56.00 元

内容提要

本书是一本专为广大读者提高写作技能，进行高效写作而撰写的精短文写作专著，全书分 88 讲。

精短文通常指的是精练而短小的文章。精练是对所有文体的写作要求，短小则是对部分文章的写作要求，而且不同的文种有不同的短小界定，有的控制在几十字，有的上百字，有的文种一千字左右不超过两千字就属于精短了。

本书所研究的精短文分两种情况：一种情况是篇幅较短的文种，在 88 讲中占了绝大部分；另一种情况是篇幅的长短因文而异，可写长也可写短，但历来提倡写精短的文种。对后一种情况写作理论的阐述着眼个性兼顾共性，既适用于篇幅较短的文章，也适用于同一文种篇幅较长的文章。

本书主要探讨两千字以内各类精短文体的写作方法及写作要求。包括公文、新闻、论文和文学作品等共 88 个文种做了概要介绍。每一文种均附有例文，共计一百余篇。

全书力求用较少的文字给读者提供较多的信息，以通俗易懂，简明实用，贴近实际，可操作性强为目标，以便于读者参考和应用。本书可作精短文写作指导性读物和院校、岗位培训班写作课辅助教材。

目　录

第 *1* 讲　事项性通知写作

　　传达需要下级执行和有关单位周知或者办理的事项，转发上级机关和不相隶属机关的公文，批转下级机关的公文等，用"通知"。

　　通知应用广泛，种类较多，在公文中通知是相对篇幅比较短的一种公文，特别是事项性通知、发布性通知、指示性通知、转发性通知等。其中事项性通知又是使用频率较高的文种。

　　事项性通知由标题、主送机关、正文、署名和日期构成。

　　标题大致有以下几种形式：（1）由发文机关、事由和文种三要素构成。如：《××市关于做好元旦春节期间物资供应工作的通知》。（2）由事由和文种两要素构成。如《关于做好夏收工作的通知》。（3）由事由单要素构成。如《认真做好基层管理工作》。（4）由文种单要素构成。标题只有"通知"二字。

　　主送机关是指公文的主要受理机关，是对公文的贯彻和答复直接负责的机关。通知除有的情况下用作平行文外，通常作为下行文。向下发通知，主送机关一般是指在编制序列上直接隶属的下级机关和单位。主送机关名称使用全称或规范化的简称、统称，用三号楷体字，在标题下空一行左顶格标识，后标全角冒号。

　　通知的正文一般由开头、主体和结尾构成。开头通常是概述通知的根据。主体是通知的中心部分，这部分要把通知的事项交代得清清楚楚，使人一目了然。一般地说，既陈述通知的基本事项，又对如何实现事项的内容提出明确具体的要求。多数通知的结束语是对执行通知提出要求。

　　通知以本级机关或本单位的名义签发。署名有单位署名和机关署名两种情况。成文日期在署名的下方标识，要用阿拉伯数字。印章要与署名相一致，居中压在署名上，上不压正文，下压日期。

事项性通知作为向有关部门和单位告知某一事件或某种情况的通知，要依具体事情而发，重在实用，针对性强。与指示性通知相比，它涉及的范围较小，政策性程度不高，时效不长。它不限于下行；也可平行。事项性通知的写作要注意针对性，要开门见山，直叙意向和情况；行文要简练，用语要准确。

例文：

关于公布第三批 ×× 省
历史文化名镇名村的通知

各设区市人民政府，各县（市、区）人民政府，省政府有关部门：

根据国务院《历史文化名城名镇名村保护条例》及我省历史文化名镇名村保护的有关规定，经研究，确定 × 县 ×× 镇等6个镇为第三批省级历史文化名镇，×× 市 ×× 村等11个村为第三批省级历史文化名村，现予以公布。

各级各有关部门要按照《历史文化名城名镇名村保护条例》和《×× 省历史文化名城名镇名村保护工程实施方案》要求，认真做好历史文化名镇、名村的保护管理工作。自省级历史文化名镇、名村公布之日起1年内，所在地的县（市、区）政府要依法组织完成保护规划编制。切实加强保护范围内历史建筑修缮、环境综合整治和基础设施改造，建立历史建筑信息档案，实施挂牌保护。历史文化名镇、名村所在地的设区市、县（市、区）政府要加大投入力度，鼓励社会力量以多种形式参与保护与利用，促进历史文化名镇、名村的保护和发展。省住房和城乡建设厅、省文物局要建立健全历史文化名镇、名村的保护监督和跟踪检查制度，对破坏名镇、名村历史建筑、历史环境和文物古迹的，依法严肃查处。

附件：第三批 ×× 省历史文化名镇、名村名单

×× 省人民政府

20×× 年 ×× 月 ×× 日

附件：（略）

第2讲　转发性通知写作

转发性通知是转发上级机关、同级机关和不相隶属机关的公文的通知。

转发性通知的结构与批转性通知相似，由转发行文和转发对象组成，转发对象放在转发行文之后，不加附件标注。由于转发对象的不同，转发性通知又分为转发上级机关公文的通知、转发不相隶属机关公文的通知。

转发上级机关公文的转发性通知的正文，通常由转发决定和贯彻要求组成，并具有叙述精练、语言肯定、要求明确的特点。

转发不相隶属机关公文的转发性通知，所转发的对象，一般是与同本单位或本系统有关，需要执行或参考的；写法与其他转发通知基本相同。但在撰写转发决定时要注意，如转发对象的内容很适合本单位、本系统的实际情况，转发范围的原则要求可写成"请按要求执行"或"请认真遵照执行"；如果基本适合或某些方面适合，就要写成"请参照执行"，或根据实际情况另提要求。

例文：

转发省民政厅等部门《关于加强
见义勇为人员权益保护工作的意见》的通知

各设区市人民政府，各县（市、区）人民政府，省政府各部门：

省民政厅、省教育厅、省公安厅、省财政厅、省人力资源和社会保障厅、省住房和城乡建设厅、省卫生厅《关于加强见义勇为人员权益保护工作的意见》已经省政府同意，现转发给你们，请认真贯彻执行。

××省人民政府办公厅

20××年12月19日

第 *3* 讲　表彰性通报写作

通报用于表彰先进，批评错误，传达重要精神或者重要情况。依其内容和作用通报可分为表彰通报、批评通报和情况通报。通报写作的基本要求之一是精练，篇幅要控制，内容要集中，要有重点，不能冗长。

表彰通报是机关工作中经常使用的一个文种。主体由标题、正文、署名、成文日期和印章构成。

表彰性通报标题的构成方式主要有两种：（1）由发文机关、事由和文种构成。如：《××镇关于表彰知识竞赛先进单位和先进个人的通报》。（2）由事由和文种构成。如：《关于表彰先进党支部和优秀共产党员的通报》。

表彰性通报制发目的除向一定范围公布对某人某事或某单位某事项的表彰外，更主要的则是从被通报的事项之中，归纳出行之有效的经验，达到以典型事例进行普遍教育、推动工作之目的。其正文一般包括以下三部分：

一是先进事迹或主要成绩。这一部分是表彰性通报的依据。这一部分要求将某人某事或单位某事项的先进事迹或成绩择主要的写出来。在写先进事迹或主要成绩之前，应交代事情发生的时间、地点，涉及的人员、单位，大致过程或主要经过，然后引出结果和影响。如涉及的面较宽，时间、地点、人员较多时，可只交代有关的背景。叙述事项的基本情况，要真实、准确、扼要。涉及事项本质、对于反映通报意图直接有关的过程、情节等情况可详写，一般的可略写或不写，让人从叙述中即可很快地掌握事项梗概，又能较快悟出经验。

二是主要经验即主要做法。这一部分实际上是挖掘取得成绩、获得成功的原因，给人更具体的、切实可行的、可供借鉴的方法，要求写得自然、中肯而又具特色，既简明但又不失具体，同时又富于说服力。因此，不能脱离通报事项本身而去任意发挥或引申，不要企图通过一件事去说明太多的道理，提出过多过高的要求。不然，引出的经验、提出的要求就会笼统，针对性不强，失去典型的作用。一件通报事项是具体的，只能是某一方面的典型。它包含的启示和教益不可能包罗万象。就事论事，达不到通报的目的。没有重点，没有特色，针对性不强，通报就显得一般化，失去了应有的价值。如通报的主要目的在于表彰，主要做法即可简略些，提纲挈领地列举出主要经验（做法）即可。

三是学习、推广经验的方法或要求。这一部分文字不宜太多，篇幅也不必过长，但要交代清楚、具体。通过学习、推广经验，解决什么问题或达到什么目的，都应一一讲明。如果通报的主要目的在于表彰，那么这一部分应重点写希望和要求。包括两个层次，一是对被表彰的单位或人员的希望；二是对所属单位及人员的希望。要求富于勉励、启发和鼓励。

表彰性通报以本级机关或本单位的名义签发。署名有单位署名和机关署名两种情况。成文日期在署名的下方标识，要用阿拉伯数字。印章要与署名相一致，居中压在署名上，上不压正文，下压日期。

例文：

关于对我省获得第十三届中国专利奖的
单位和个人给予奖励的通报

各地级以上市人民政府，各县（市、区）人民政府，省政府各部门、各直属机构：

在第13届中国专利奖评选活动中，我省华为技术有限公司的"一种网络设备的管理方法"等5项发明、实用新型专利，以及中山市隆成日用制品有限公司的"婴儿车"外观设计专利，分别被国家知识产权局和世界知识产权组织授予中国专利金奖和中国外观设计金奖；谢绍河同志的"一种造型附壳珍珠的养殖方法及其使用的造型珠核"等23项发明和实用新型专利，以及珠海和佳医疗设备股份有限公司的"体外高频热疗机"等11项外观设计专利，分别被国家知识产权局授予中国专利优秀奖和中国外观设计优秀奖。根据《广东省专利条例》《广东省重奖中国专利奖获奖企事业单位实施办法》等有关规定，省人民政府决定，给予我省获得金奖的单位（个人）每项专利 100 万元的奖励，给予获得优秀奖的单位（个人）每项专利 50 万元的奖励。希望受到奖励的单位和个人珍惜荣誉，再接再厉，在新的起点上创造新的业绩。希望全省各有关企事业单位和个人向获奖者学习，锐意进取，勇于创新，创造更多专利和自主知识产权产品，为建设专利强省和加快转型升级、建设幸福广东做出新的更大贡献。

附件：第 13 届中国专利奖广东省获奖名单（略）

广东省人民政府

2012 年 6 月 14 日

第4讲 批评性通报写作

批评性通报也是机关工作中用得较多的一种。批评性通报由标题、主送机关、正文、署名和日期构成。除正文外，与表彰性通报等其他通报的结构和写法基本相同。

批评性通报制发目的除向一定范围公开对某人某事或某单位某事项的批评外，更主要的则是从被通报的事项之中，找到应吸取的教训，提出相应的要求，达到以典型事例进行教育，从而做好工作之目的。其正文一般包括以下三部分：

一是问题或错误发生和发展的时间、地点、经过和结果。这一部分要求将问题或错误发生的时间、地点、涉及的单位与人员、大致过程、主要情节、结果和现状，一一交代清楚。叙述以上基本情况时，要真实、准确、扼要。涉及事项本质、对于表达通报意图直接有关的过程、情节等可详写，其余可略写。让人从叙述基本情况中既可很快了解事项的梗概，又能较快地从中自然地悟出应吸取的教训，为下文提供依据，起铺垫作用。

二是发生问题或产生错误的原因、危害及应吸取的教训。这是批评性通报的目的所在。在分析发生问题或产生错误的原因、危害及应吸取的教训时，应该自然、中肯，既简明又具体，具有说服力，使人心悦诚服，易于接受。不要脱离通报本身的事实内容而随意加以发挥和引申，不要企求通过一件事情去阐明许多的道理，提出过多、过高、难于落到实处的要求。否则，分析出的原因、危害就会背离事实，牵强附会，应吸取的教训就会没有说服力，没有针对性，使人不易接受，因而达不到拟发通报的目的。

三是今后的措施和要求。这一部分是根据已发生的问题或产生的错误及其原因、危害，以及现实中存在的类似情况而提出来的。因此，措施部分要具体，确实起到指导作用。要求则指的是通报所传达、贯彻的范围、方法、步骤等。

例文：

关于食堂与饮食卫生问题的通报

各系：

为贯彻落实爱卫会"十 ×"规划，近期对我院的食堂与饮食卫生进行检查。院后勤处王处长组织卫生、供给有关人员于 × 月 ××、×× 日，按照《省卫生综合整治检查标准》中的《食堂饮食卫生》细则，对我院食堂逐个进行了检查，现将检查出的有关问题通报如下：

一、个人卫生习惯较差。工作服帽除一、二系食堂、主食供应中心等部分食堂炊事人员上班时能按规定穿戴外，其他单位均未达到规定要求。有的炊事员在操作前不能做到及时洗手；制作加工熟食品及分发餐具时，有的操作人员未戴一次性无毒手套。……

二、操作间厨具摆放杂乱无序。各单位操作间内大件厨具摆放无序，位置不统一，小件厨具摆放零乱；盛放生熟食品的容器标记不明，混用现象普遍，没有固定场所保存，存在互相污染的可能。……

三、副食库物品摆放杂乱。除三系食堂副食库按要求存放物品外，其他单位食堂副食库均存在不同程度的食品、调料摆放杂乱无序，调味缸无盖或标志不明，通风不良现象。

四、食堂餐具保存不符合卫生要求。除一、二系食堂能做到餐具餐餐消毒外，其他单位的餐具消毒制度基本上没按要求落实。部分食堂个人保存的餐具直接摆放在餐桌上，没放在碗柜内，碗柜也不能按要求每周擦洗一次。……

五、食品留验制度落实较差。除一、二系食堂外，其他单位基本没有按要求餐餐留验及登记。建议各单位主管后勤的领导要引起高度重视，充分认识留验的必要性，督促检查，切实落实好食品留验制度。

六、主食运输中存在的问题。（略）

七、防鼠、防蝇设施不完善。（略）

　　以上问题要引起有关单位领导的高度重视，切实按照《院食堂卫生管理规定》的要求，落实各项食堂与饮食卫生管理制度，立即采取积极措施，纠正本单位存在的各种问题。各单位领导要亲自抓好这项工作。院近期将组织一次由各系主抓食堂工作的领导参加的食堂饮食卫生管理现场会，参观先进食堂的饮食卫生管理情况，统一标准要求。然后按照食堂与饮食卫生标准，逐项进行落实，力争在省组织的这次检查中取得好成绩，进一步推进全院食堂建设上一个新台阶。

　　　　　　　　　　　　　　　　　　　　××学院××处

　　　　　　　　　　　　　　　　　　　20××年××月××日

第 **5** 讲　情况通报写作

　　情况通报是互通情况或知照事情的通报。这类通报主要用于领导机关向一定范围内的部属通报重要情况、动向和信息，以使下级单位和人员了解有关情况，进而统一思想认识，推动工作进展。

　　通报的正文大多是按照情况、原因、措施三项基本内容依次安排结构的。

　　情况，是通报的主要部分。它以事实告诉受文者发生了什么事情，应当从中吸取哪些经验、教训，明确今后怎么办。一般是指出情况发生的单位、时间、条件、事实和结果。有的是用时间或单位引出情况，也可以用情况来由引出情况。对情况交代清楚最关键的地方，不把无关的细节罗列出来。原因，主要是指出取得成绩或发生问题的主观因素，并加以分析。至于客观因素，只作一般交代。措施，主要是向受文单位申明规定，提出希望和要求。

　　情况通报主要是据实反映，摆明情况，分析问题。行文要突出重点，去其枝蔓，抓住本质。一般应按照情况或事情的本来面貌和发展过程，忠实、完整地加以叙述，并讲清情况为度。正文一般包含四个部分：

　　一是工作或事项的基本状况。工作或事项的基本状况是情况通报的导语部分，一般应写清开展某项工作或进行某一事项的依据及目的，开展工作或进行事项以来的总的情况，即基本估价。

　　二是主要做法和已经取得的成绩。这是情况通报的核心部分，通常分项叙述。叙述中，要坚持实事求是，不夸大，不缩小，忠实于事情的本来面貌。

　　三是存在的主要问题。这是情况通报中不可缺少的一部分，具体叙述时，可分项叙述，也可列在一段用几个分句表示出来。无论采用哪种方法，都要求选择主要的方面。

四是今后的打算或要求。这是情况通报的结尾部分。这一部分在写法上有几种形式。今后的打算可以是机关对于今后（或下一个阶段）工作的安排，也可以是具体担任某项工作的单位对于今后工作的设想。今后的要求则指机关对于受理通报单位的要求。这里的机关的安排、具体单位的设想、机关的要求，在一份情况通报中，只会有其中一种，而不应同时都写。

情况通报通常以机关的名义签发。成文日期在署名的下方标识，要用阿拉伯数字。印章要与署名相一致，居中压在署名上，上不压正文，下压日期。

例文：

关于新型冠状病毒肺炎疫情的通报

各市：

11月14日0—24时，全省无新增境外输入确诊病例。截至11月14日24时，全省连续197天无新增境外输入确诊病例。全省累计报告境外输入确诊病例19例，累计治愈出院19例。

11月14日0—24时，全省无新增本地确诊病例。截至11月14日24时，全省连续111天无新增本地确诊病例。全省累计报告本地确诊病例138例，累计治愈出院136例，病亡2例。

11月14日0—24时，全省无新增无症状感染者。

提醒广大群众，当前"外防输入、内防反弹"形势依然严峻，大家要树牢常态化防控意识，要坚持外出戴口罩、勤洗手、常通风，保持社交距离，不聚餐、不聚集，倡导健康生活方式，食物烧熟煮透，不吃生冷食物，减少疾病感染风险。如出现发热、咳嗽等急性呼吸道症状，要及时到当地定点医疗机构发热门诊就诊。

吉林省卫生健康委员会

2020年11月15日

第*6*讲 报告写作

向上级汇报工作、反映情况、提出建议，答复上级的询问等，用"报告"。依据内容的不同，报告分为工作情况报告、建议报告、答复报告以及检讨报告等。

报告由标题、主送机关、正文、署名和日期构成。

标题通常有两种形式：一种是由发文单位、事由和文种构成。如《××厂20××年度工作情况报告》。另一种由事由和文种构成。如《基层安全保卫工作情况报告》《保持共产党员先进性教育的情况报告》等。

主送机关，也就是通常所说的"称呼"，是指接受报告机关、领导和组织的名称，在标题之下顶格书写。

正文通常分为报告缘由、报告内容、报告结尾等部分。

报告缘由，即报告的依据和目的，要阐述为什么或根据什么写报告。

报告内容，是正文的主体。主要应写明完成任务、进行工作、处理事务的过程、措施和结果等；有的还要写出经验或教训及今后打算等。

报告结尾，通常由简短明确的结束语构成，如"以上情况，特此报告""上述意见如无不妥，请批转"等等。

署名和日期。署名有两种形式：一种署单位名称。另一种署单位领导姓名。无论哪种署名方式，都应加盖印章。印章下方写年、月、日。

报告写作要注意以下几点：一是要实事求是，不能弄虚作假。二是要突出重点，不要面面俱到。三是要开门见山，简明扼要，报告文字每篇一千字左右为宜，除特殊情况外，最多不要超过两千字。

例文：

关于湖南省与广东省行政区域界线
联合检查工作情况的报告

国务院：

　　根据《行政区域界线管理条例》（国务院令第353号）和《民政部全国勘界工作办公室关于做好2011年行政区域界线联检工作的通知》（民勘办发〔2010〕7号）要求，2011年3月至10月，广东、湖南对两省之间行政区域界线（以下称湘粤线）进行了联合检查（以下简称联检）。现将有关情况报告如下：

　　一、湘粤线基本情况

　　湘粤线西起湘粤桂三省（区）交会点，东至赣湘粤三省交会点，全长558.13公里，实地埋设界桩15棵（含赣湘粤、湘粤桂三省（区）交会点界桩，均为单立界桩）。该线涉及广东、湖南两省4个地级市、12个县（市）。其中，广东省涉及韶关乐昌市、仁化县、乳源瑶族自治县，清远连州市、连山壮族瑶族自治县、连南瑶族自治县、阳山县；湖南省涉及郴州市汝城县、宜章县、临武县，永州市蓝山县、江华瑶族自治县。全线共分11条县级界线段：江华—连山、江华—连南、连州—江华、连州—蓝山、临武—连州、连州—宜章、宜章—阳山、乳源—宜章、宜章—乐昌、乐昌—汝城、汝城—仁化。2007年，两省进行了第一轮联检。

　　二、联检工作情况

　　广东、湖南两省高度重视联检工作。2011年3月，两省联合成立联检工作领导小组，制定并组织实施第二轮《湖南省与广东省行政区域界线联合检查工作实施方案》。2011年5月，两省在广州市召开了联检工作第一次联席会议，进行全面动员部署。会后，两省民政厅及各牵头地级市、县（区、市）迅速行动，按先内业后外业再汇总的步骤实施联检。2011年10月，两省在长沙市召开湘粤线联检工作第二次联席会议，对联检工作进行验收总结，对加强湘粤线管理，深入开展湘粤线平安边界建设工作进行部署。至此，湘粤线联检工作全面完成。

三、联检工作成果

联检结果表明，自第一轮联检以来，两省行政区域界线协议书的各项条款和国家边界管理的政策法规在边界地区得到了认真贯彻执行。边界地区群众能自觉遵守边界纪律，维护勘界成果和法定界线权威，未发生非法越界侵权现象和边界争议，无擅自改变已勘定的行政区域界线或单方设定新的界线标志物的行为，边界地区和谐稳定。界线两侧地貌地物无明显变化，界线实地走向清晰可辨。全线 15 棵界桩中，除湘粤桂、赣湘粤三省（区）交会点、1 号、12 号界桩出现变化外，其余界桩完好无损、无移位。对变化的界桩已作处理，具体情况说明如下：

（一）湘粤桂三省（区）交会点界桩边、角破损，但无移位、桩面注记清晰，暂不作处理。

（二）赣湘粤三省交会点界桩在 2007 年第一轮联检时发现被毁，当年三省已重新制作并在原地埋设，但桩面时间注记仍沿用原制作埋设界桩的年份"1999"。2010 年，三省商定重新制作该界桩并在原地埋设，重新制作的界桩规格大于《省级行政区域界线勘界测绘技术规定》所定标准，桩面时间注记为重新制作埋设界桩的年份"2010"。

（三）1 号界桩表面局部轻度破损，但无移位、桩面注记清晰，暂不作处理。

（四）12 号桩因山体滑坡被掩埋，已对其进行了清理和加固。

通过联检，进一步巩固了湘粤线的勘界成果，增强了边界地区各级干部和群众守法护界的自觉性，加强了两省行政区域界线的管理，促进了边界地区的稳定。今后，湘粤两省各级政府和有关部门将以深入开展创建平安边界为目标，进一步提升界线管理工作规范化、法制化、科学化水平，巩固联检成果，完善界线管理长效机制，为推动科学发展、促进社会和谐稳定做出新的贡献。

专此报告。

广东省人民政府

2012 年 1 月 5 日

第 7 讲　请求批准性请示写作

　　请示是请求上级指示、批准事项时使用的文书。请示有多种类型，以写作目的划分有请求批准性请示和请求解决性请示。

　　不同类型的请示结构大致相同，不同内容的请示其格式也基本一样。只是请求批准性请示与请求解决性请示的正文略有不同。

　　请求批准性请示，是在本级对某一事项无权解决或无权做出决策而请求上级给予指示或批准时提出的请示。

　　请求批准性请示的结构主要包括标题、主送机关、正文、署名和日期等。除正文外，其他内容的格式与报告相同。正文一般由请示缘由、请示事项、请示结尾构成。

　　请示缘由，即请示问题的依据，也就是为什么要写请示。

　　请示事项，即请示的实质内容。请示上级解决什么问题，有什么建议都写在这一部分里。

　　请示结尾，即向上级提出请求，或者答复、审核批准，或者希望上级给予理解和支持。请示的结尾文字极为简练，常见的有"当否，请指示""以上请示如无不妥，请审批"等。

　　请求批准性请示写作应注意以下几个问题：一是事前行文。在解决和处理问题之前上报的，必须待上级批准或指示后才能实行，不能搞"先斩后奏"或"边斩边奏"。二是慎重行文。凡属于本级职权范围内的问题，不得动辄请示，矛盾上交。在请示的问题上，既要反对擅自做主、各自为政的无政府主义倾向，又要防止文牍主义和不负责任的依赖思想。三是一文一事。即使是几个内容，也应是与所请示的一个主要问题密切相关的不同侧面。而且，必须是上级有可能一次研究给予回复的问题。如果同时请示几件事，一则上级得花更多的时间去研究，难以及时回复，延误工作；二则还可能因为其中一件事不能解决，而连其他可能解决的事情也被搁置下来。四是表明态度。在请示中，不仅要如实反映情况，而且要明确提出处理建议或要求。

例文：

<h1 style="text-align:center">关于成立编史办临时党支部的请示</h1>

中共 ×× 局委员会：

　　为更好地完成我局历史的编撰任务，现已临时抽调 10 名同志，组成局史编写办公室，其中正式党员 8 人，预备党员 1 人。为了加强领导，进一步发挥党员在局史编写中的积极作用，拟成立局编史办临时党支部，隶属局党委领导。支部委员会暂由 3 人组成，书记、组织委员、宣传委员各 1 人。具体人选将按选举程序民主产生。如若同意，打算在今年 5 月 1 日前筹建完毕。

　　以上意见当否，请批示。

中共 ×× 局编研室党支部
20×× 年 ×× 月 ×× 日

第 *8* 讲　请求解决性请示写作

　　请求解决性请示，是在本级对某一事项无力解决而请求上级给予具体帮助时提出的请示。

　　请求解决性请示与请求批准性请示的结构和写法相同，所不同的是，请求批准性请示的请示事项是需上级批准的，而请求解决性请示事项是需上级给予具体帮助解决的，如经费、器材、装备、场地等。在请求解决性的请示中，如涉及的款项、数目较多时，可列表，作为附件附在请示的后面。

　　请求解决性请示写作中要注意以下几点：一是要坚持必要性原则。凡属于自己有条件或创造条件能够解决的问题，就不要写请示让上级解决。而只有无力解决又急需解决的问题才呈请上级给予解决。二是要坚持实事求是的原则，不能有意夸大需求，搞虚报冒领。三是数据要清楚，用语要准确，理由要充分，态度要明确。

例文：

关于增拨经费的请示

院××处：

　　我系已给新生购置了海绵垫×××张，为了解决海绵垫在使用中容易损坏的问题，我系拟将海绵垫外部包装一层帆布，包装费用每张约××元，共需经费××××元左右。因系新组建，现有经费受限，特请上级给予解决，增拨经费××××元。

　　妥否，请批示。

××学院××系

20××年×月×日

第*9*讲 批复写作

批复是对下级请示公文的答复。根据请示的分类，批复可分为要求解决问题的批复、要求批准事项的批复、对不明确问题的批复等几种。以批复所表态度划分，可分为同意性批复和否定性批复。

批复通常文字简短，明确答复请示事项，不必阐述许多道理。其基本的内容：一是指明所要答复的问题；二是明确答复所请示事项，表明态度，扼要说明理由；三是写明需要强调的问题和进一步说明的问题；四是指出落实批复的注意事项和补充意见。

批复的主体由标题、正文、署名、成文日期和印章组成，其格式要求如下：

标题写法常见的有以下几种：一是事由加受文机关加文种。如《关于调整教育计划给××区的批复》；二是事由加文种。如《关于改革后勤保障工作的批复》；三是基本态度加受文机关加事由加文种。如《同意××学校进行新生军训的批复》；四是复加请示公文标题。如《复〈关于调整理论教育时间的请示〉》。

正文开头，一般要引述来文的日期、请示的标题，如"你区20××年×月×日《关于补发政治教材的请示》收悉"。经过会议研究确定的答复，开头要写清何时何种会议确定，如"县（某次会议）研究了你乡×月×日关于××事项的请示，现答复如下……"；未经权威性会议研究，就直接指明请示事项并予以答复，用"我们认为……"，"市认为……"，或直接写"×月×日关于××请示收悉，现答复如下：……"

答复有几种情况：一种是同意请示的问题，一种是不同意，一种是基本或部分同意，一种是原则同意，一种是明确回答下级不明确的问题。同意的，一般还要给予具体指示；不同意的，大多要提出领导机关对这个问题的考虑，还要扼要地说明理由，使下级明白不同意的原因，以便他们做出相应的安排；基本或部分同意的要把同意的问题和不同意的问题分别陈述清楚；原则同意的，除表明原则同意的态度外，要把补充、修正、说明、强调的问题讲清楚；回答下级不明确的问题，要准确、鲜明，不能似是而非、模棱两可。

在结构上，根据内容的复杂程度，答复可以分段分条写，也可以用一段文字表述。结尾有的有结束语，如要求请示者及时报告执行情况等。一般不写专门的结尾，只在结尾处用"此复"收束。也可不用"此复"二字，答复完就自然结束。

批复署名在正文右下方，成文日期置于署名的下方，用阿拉伯数字，一律写全称，即年、月、日要写全。

例文：

关于《增补乡党委成员请示》的批复

××乡党委：

你乡党字〔20××〕3号请示收悉。经县党委常委研究，同意增补×××同志为你乡党委委员。

此复。

中共××县委员会

20××年×月××日

第*10*讲 命令（令）写作

命令（令）适用于公布行政法规和规章、宣布施行重大强制性措施、批准授予和晋升衔级、嘉奖有关单位和人员。命令（令）分为公布令、行政令、任免令和嘉奖令。

命令（令）具有法定的权威性、很强的强制性和使用的严肃性等特点。

命令（令）的权威性表现在：命令（令）发布的机关通常都具有很高的级别，直接体现着机关的权力和意志。此外，国家的各种法律、法规、行政规章，大都用命令（令）的形式颁布，法随令出，是对法律法规的确认。因此，命令（令）从内容到形式都具有极强的权威性。

命令（令）的强制性表现在：命令（令）一经下发，受命令（令）者必须绝对服从，任何组织和个人如果延误或干扰命令的执行，都将受到严肃的处理；若是违抗命令，则将被依法惩处。

命令（令）的严肃性表现在：命令（令）不能随意发布，也不能朝令夕改。一方面，它是依照有关法律而制定和发布的，命令（令）的事项具有鲜明的法规性；另一方面，其行文表述准确，结构严谨，态度庄重，语气坚决。

命令（令）一般由发文机关标识、令号、正文、签发人职务、签名章和日期等要素组成。

发文机关标识由发文机关全称和文种组成，使用红色小标宋字体，居中排布。如《广东省人民政府令》。

令号是发文的序号，在发文机关标识下空二行居中排布，使用仿宋字体，形式为"第×××号"。

不同类型的命令（令）的正文写法有所不同。

公布令一般由发布对象、发布依据、发布决定、执行要求四要素组成。由于公布令通常篇幅短小，四要素一般合为一段叙述。

行政令的正文开头部分主要写发布命令的原因、根据、目的、意义等。主体部分主要写命令事项，结尾部分主要用来写执行要求。

嘉奖令由先进事迹、性质和意义、奖励项目、希望和号召组成。

签发人职务、签名章，在正文的右下方排布。

成文日期置于签名章下方。

撰写命令（令）要做到以下几点：

一是依法行文。制发命令（令）要严格根据法律规定的权限，不可随意制发。以领导者个人的名义发布的命令（令），并不代表个人，而是庄严地代表着国家权力机关的权威，没有法律规定，绝对不可以发布命令（令）。

二是结构完整。按照命令（令）的结构的要求，不仅正文中的行令缘由、命令（令）事项、执行要求都要具备，命令事项中的各种要素、各个方面都要交代清楚。而且发文机关标识、令号、签发人、成文日期，以及版记中的诸要素的格式都要规范无误。

三是表达准确。在内容的表述上，要准确简明，毫不含糊，更不能模棱两可；语气要庄重严肃，肯定确切，斩钉截铁，以充分体现命令（令）的权威性和强制性。

四是篇幅简短。法随令出的复体令文，只需将基本要素交代清楚即可。单体令文的文字相对来说多一些，要注意文字简练、篇幅短小。

例文：

×× 省人民政府令

第 × × × 号

《× × 省 × × × × × × 规定》已经20× × 年11月1日× × 省人民政府第十一届× × 次常务会议通过，现予公布，自20× × 年1月1日起施行。

省长 × × ×

20× × 年11月3日

第 *11* 讲　通令写作

通令是军队使用的一种公文，依据《中国人民解放军纪律条令》宣布奖惩事项（不含授予荣誉称号），用通令。通令类公文包括嘉奖通令和惩罚通令。通令主体一般由标题、正文、署名、成文日期和印章等部分构成。其格式要求如下：

通令标题形式有以下三种：（1）以事由作标题。如：《表彰基层建设先进单位和个人》。（2）以事由加文种作标题。如《关于给予×××同志嘉奖的通令》。（3）发文机关加事由加文种作标题。如：《××旅表彰抗洪抢险有功单位和个人的通令》。

通令的签署与命令相同，要签署军政首长的姓名。对所属机关、部队、人员的奖惩通令，按条令规定权限审查批准后，由该级正职军政首长署名下达。印章加盖和成文日期标识的要求与命令相同。

不同类型的通令除正文外，写作方法基本相同。

一、嘉奖性通令

嘉奖性通令正文内容通常包含三个部分：主要成绩（事迹），给予奖励的种类，希望或要求。

主要成绩（事迹），即指受奖励的单位或个人是在什么形势下，通过哪些努力，取得了哪些主要成绩或者有哪些主要事迹。这一部分既要把主要成绩或主要事迹列举出来，但同时篇幅又不宜过长。如果同一公文中同时公布若干单位、苦干人的奖励，则可列举他们取得的共同点，或者分别逐一地列举他们的主要事迹。

给予奖励的种类，即给予何种奖励，应当明确地表述。

希望或要求。这部分内容无论是对受奖单位或人员的希望和要求，还是对所属机关、部队、人员的希望和要求，在语言和语气上，都要富于鼓励性和启发性，能激励下属高昂的情绪。

二、惩戒性通令

惩戒性通令正文内容通常包含三个部分：包括错误事实、给予惩戒的种类、教训和要求。

错误事实是惩戒性通令的主要内容。这一部分要写清犯错误人员的部别、职别（干部还应写级别）、简历、犯错误的事实、情节、性质、影响以及犯错误的原因，本人对所犯错误的态度。这一部分是下文给予何种惩戒的依据。因此，写这一部分时应注意两点：一是要实事求是，注意政策性。所犯错误的事实、性质、原因要恰如其分地分析，不要感情用事，不要牵强附会，不要任意拔高，不要把偶尔的个别的一时的错误夸大为本质的全面的一贯的错误，应注意从主客观两个方面分析犯错误的原因。二是错误事实只择主要的，不要罗列堆砌材料。

给予惩戒的种类，即给予何种惩戒。

教训和要求，指出问题发生的教训，并提出各单位及各类人员应从中吸取教训，引以为戒的要求。

例文：

表彰 ××× 等同志完成侦察任务的通令

各营、直属连（队）：

×月×日，团侦察连 ××× 等 3 人奉命担负敌后侦察任务。他们在极为复杂的环境下，克服重重困难，获取了敌阵地配置、兵力部署、障碍设置等重要情报，出色地完成了侦察保障任务，为团首长定下进攻战斗决心提供了有力依据。为表彰他们的突出成绩，团决定：

给予侦察连一排排长 ××× 同志记三等功 1 次；

给予侦察连一排一班班长 ××× 同志记三等功 1 次；

给予侦察连一排一班战士×××同志记三等功1次。

望以上3名同志戒骄戒躁，再接再厉。全团同志要学习他们一不怕苦、二不怕死、机智灵活、勇敢顽强的战斗作风，为完成××进攻战斗任务作出自己应有的贡献。

团　　长　×××

政治委员　×××

20××年×月×日××时×分于××

第12讲 决定写作

决定适用于对重要事项出决策和部署、奖惩有关单位和人员、变更或者撤销下级机关不适当的决定事项。决定按内容分，包括安排重要事项的决定、做出重大决策的决定、处理重要问题的决定三种类型。

决定具有以下特点：

一是重要性。只有那些事关全局、政策性强、执行时限长的重大问题和重要工作，才使用决定。尤其是党中央、国务院、中央军委做出的重要决定，都是指导全党、全国、全军的纲领性文件，其中有的成为重要的历史文献。各级党委所做出的决定，在内容上，比指示、通知等文种更为重要。

二是法规性。决定做出的安排和决策，具有很高的权威性和很强的约束力，所属单位和人员必须贯彻执行，不容违反。无论是安排重要事项的决定，还是做出重大决策的决定，都是受文单位统一思想、统一行动的准绳，都必须按决定办事。

三是长效性。机关公文是在现实工作中形成和使用的，是为推动现实工作服务的，因而，它的作用都有时间限制。相对说来，决定这一文种时效性较长。比如，完成某次任务的命令，关于组织某项活动的通知，等等，在这项任务或活动完成后，这些公文的效用也就结束了。而决定所确定的是一些重大事项和问题，有些是对重大的历史问题做出结论，有些是对某个方面做出的带方针政策性的规定，因此，它往往对工作有着长远的指导意义，特别是那些成为历史文献的决定，其价值具有永久性。

决定一般由标题、题注、正文、发文机关、发文日期几部分组成。

决定的标题有着两种形式：一种由发文机关、事由和文种组成。如《×××区党委关于开展向×××同志学习的决定》。另一种由事由和文种组成。如《关于20××年度科学技术奖励的决定》《关于给予×××同志行政警告处分的决定》。

题注在题目下面，用圆括号括起来，一般注明做出决定的时间，或者注明什么时间、什么会议通过的。如："（20××年9月18日中国共产党第十七届中央委员会第四次全体会议通过）"，题注不是决定的必备项目，一般正文后有发文机关和发文日期的决定不写题注。

正文开头一般是写发布决定的背景、根据、目的、意义。不同类型的决定开头部分也有所不同，如批准某一文件的决定，则写明批准对象的名称，而表彰、惩戒性的决定，开头部分则要叙述基本事实。

接下来根据不同的决议类型，写不同的内容。用于指挥工作的决定，这部分要提出工作任务、措施、方案、要求等，内容复杂时要用小标题或条款显示出层次来；用于批准事项的决定，这部分要表达批准意见，如有必要，还可对批准此事项的根据和意义予以阐述；用于表彰或惩戒的决定，这部分要写明表彰决定和项目，或处分决定、处罚方法。

决定常用执行决定的要求或号召作结尾。

决定签署发文机关名称，要用全称或规范化简称。署名置于正文右下方。

成文日期置于署名的下方，用阿拉伯数字，一律写全称，即年、月、日要写全。

如发文机关和成文日期已经在标题和题注中注明，一般文尾不再标注署名和成文日期。

决定的写作要求有以下几点：

一是严肃认真。决定事关重大，内容重要，撰写时必须严肃慎重，认真负责。一是要依法办事。决定具有法规性，必须依照有关法规，由有权做出决定的领导机关和权威性会议制发，任何机关或会议无权做出超越自己职权范围的决定，决定内容必须是权威性会议的一致意见或超过法定多数票通过的决定事项，否则不能做出决定。二是要准确无误。写作前要了解历史和掌握现实情况，并进行分析，做出切合实际的判断和决策，写作中要逐字逐句斟酌，修改时要反复征求各方面意见，集思广益，最后要由会议讨论通过，才能定稿。要确保文件的准确性和科学性。

二是详略得当。决定写作的总体要求之一是必须精练，篇幅尽量简短。在这一前提下，要针对不同类型的决定，恰当运用笔墨，该详则详，该略则略。如法规性、部署性的决定，缘由、依据用字较少，而具体事项用墨较多。奖惩决定缘由、依据文字较多，要把先进或错误事实充分概括出来，而决定事项部分文字要少。

三是清楚明白。由于决定是一种很严肃的权威性文件，写作一定要条理清晰，结构严谨。对具体事项的分析必须明白透彻，态度鲜明，表达清楚，切忌华而不实，夸夸其谈。也不能用词生僻，引语难懂，使人费解。行文要通俗易懂，易于受文者接受。

例文：

关于表彰第三届 ×× 省人民满意的 公务员和人民满意的公务员集体的决定

各地级以上市人民政府，各县（市、区）人民政府，省政府各部门、各直属机构：

近年来，全省广大公务员在省委、省政府的正确领导下，以邓小平理论和"三个代表"重要思想为指导，深入贯彻落实科学发展观，牢记全心全意为人民服务的宗旨，依法行政，爱岗敬业，求真务实，开拓创新，为促进我省经济社会发展作出了重要贡献。

为表彰先进，鼓舞士气，激发干劲，努力建设一支政治坚定、业务精湛、作风过硬、人民满意的公务员队伍，省人民政府决定，授予×××等48位同志××省"人民满意的公务员"荣誉称号（享受省级劳动模范和先进工作者待遇）；追授×××同志××省"人民满意的公务员"荣誉称号；授予××市医疗保险服务管理局等26个单位××省"人民满意的公务员集体"荣誉称号。

受表彰的个人和集体要珍惜荣誉，谦虚谨慎，发扬成绩，再立新功。全省广大公务员和公务员集体，要认真学习受表彰公务员个人和集体无限忠诚的政治品质、无私奉献的高尚情操、与时俱进的进取精神、清正廉洁的职业操守、艰苦奋斗的优良作风，时刻牢记全心全意为人民服务的宗旨，廉洁奉公，乐于奉献，扎实工作，锐意进取，为实现我省经济社会又好又快发展，当好推动科学发展、促进社会和谐的排头兵而努力奋斗！

　　附件：1．第三届××省人民满意的公务员名单（49人）

　　　　　2．第三届××省人民满意的公务员集体名单（26个）

××省人民政府

20××年×月××日

第 *13* 讲　指示写作

指示是军队公文条例规定的正式公文，是向下级布置工作，明确工作原则和要求时使用的一种文体。由于一些带指示性的要求，可以用"通知"的形式发文提出，因而，目前机关较少使用"指示"这一文种。指示按不同的分类方法可分为多种，按内容分有布置工作的指示、指导工作的指示、纠正问题的指示等。按范围分有布置全局性工作的指示、布置局部性工作的指示等。

指示的主体由标题、正文、署名、成文日期和印章等要素组成，其格式要求如下：

指示的标题形式，大体有以下几种：一种是"关于"加事由加"指示"的形式，如《关于坚决落实精简整编方案的指示》，这种形式用得较多。另一种是事由加"指示"的形式，如《20××年战备工作指示》。还有一种是只写事由，如《认真做好抢险救灾中的思想工作》，等等。指示的标题应是指示内容的最高概括，用语要概括精练，以免标题太长。

正文一般由开头、主体和结尾三部分构成。（1）开头。正文的开头一般是概述指示的缘由。用概括的语言写明指示发出的原因、根据、目的和重要意义。根据同命令相同，有两个方面，一是上级指示或有关法规性文件，二是依据客观实际情况。缘由部分要简洁概括，明确充实，能引起人们对该指示的重视。缘由后常用"特作如下指示""现指示如下"等承启用语连接下文。（2）主体。主体部分是指示的主要内容。主要包括工作任务、指导原则、具体措施等。主体的陈述要条理清楚，内容较复杂的指示可分成若干问题，每个问题再分若干小点分别陈述；如果主体内容仅是一些具体规定，便可分条依次陈述下去。

（3）结尾。结尾部分一般写明执行要求、规定指示事项完成的步骤、时间以及负责人，何时作出报告或提出希望和号召，也可以强调完成任务的重要性或统一思想认识的语句结束全文。

指示的署名分为党委署名和机关署名两种。成文日期在署名的下方标识。印章居中压在署名上，上不压正文，下压日期。

指示正文写作要注意以下几点：一是意见要切实可行。指示中的工作部署要适当，提出要求要合理，要符合实际，措施、办法要切实可行。凡向下级规定措施，提出要求，均应考虑到下级具有特殊情况的单位，要有所区别。对一般性问题，不宜做过高的硬性要求，避免下级虽经极大努力仍无法达到上级要求而挫伤积极性。二是表达要准确简练。无论是指示的缘由，还是指示提出的要求，都要写得确切、精练，使部属易于接受。指示离不开讲道理，但道理只能围绕着指示的主旨（即中心思想），简明扼要地阐述，切忌空话、套话、泛泛议论。

例文：

关于建立健全党团组织的指示

各营、直属分队：

根据旅政治部关于做好建立健全党团组织的指示精神，紧密结合我团实际，各单位要迅速完成党团组织建立健全工作，为遂行战斗任务奠定坚实的组织基础。现将转入一级战备后健全组织工作明确如下：

团转入一级战备后，各级要迅速组织对基层党（团）支部和军人委员会健全情况进行一次检查，该调整的调整，该补充的补充，切实把"三大组织"进一步健全起来。突出配齐配强党委、支部正副书记，突出将要担负主要作战任务的部（分）队，突出新扩编的部（分）队，对担负主要作战任务连队能力素质较弱的正副书记应及时进行调整；要从机关、勤务保障单位调整部分党员充实一线连队，确实使建制连党支部都建立5人以上支委会，达到班有党员、排有党小组。各作战单位还应根据临时战斗编组，健全临时党团组织，明确责任，顺利完成交接。执行任务过程中，如遇打乱建制的情况，要根据战斗编组或其他部队配属情况，及时成立临时党团组织和军人委员会。与此同时，每个连级单位都要建立"四组"（宣传鼓动组、思想互助组、群众工作组、安全保密组），并明确责任，搞好培训。

此外，还要在留守人员中建立健全相应的组织。通过建立健全各种组织，发挥好党组织的核心领导作用，确保部队行动随时随处在党组织的坚强领导之下。

机械化步兵第 ×× 团政治工作处

20×× 年 × 月 ×× 日

第14讲　商洽函写作

无隶属关系的机关之间商洽工作，询问、答复问题，通报情况，用函。以行文方向划分，函分为去函和复函两种；以内容和作用划分，函可分为商洽性函、询问性函、答复性函、委托性函和告知性函五种。函属于平行文，其格式除标题、正文、署名、成文日期和印章的标识格式与其他公文略有区别外，其他要素的标识和写作要求与一般公文基本相同。各类函的结构大致相同，其标题和正文格式略有不同。

商洽函用于平行或不相隶属机关间商量和接洽工作。其内容或是要求对方给予办理某事宜；或是向对方提出共同办理某事宜的建议。如商调干部、联系参观、邀请讲学、请求支援等。

商洽的标题和正文格式要求如下：

商洽的标题一般采用商洽事项加文种的写法。如《关于商洽代培微机操作人员的函》。

商洽函的正文一般由商洽缘由、商洽事项和结束语构成。

商洽缘由，主要写清为什么提出商洽，即发函的原因。一般都以某些事实为理由，也有以贯彻上级文件或指示精神为理由的。较为简单的事情可不写缘由而直接提出商洽的具体内容。

商洽事项，是函的主体部分，应写清商洽的具体内容，特别是对受文者的要求。如果所提出要求包括几个方面，应分条写出，便于对方考虑。

结束语一般用"如你部（处、科）同意，请即复函""以上意见可否，盼予复函"等作为函的结尾。

　　函的署名在正文右下方。成文日期在署名的下方标识，要用阿拉伯数字。印章要与署名相一致，居中压在署名上，上不压正文，下压日期。

例文：

××省文化广电出版体育厅
关于推荐基层文化志愿服务活动品牌项目的函

文化部公共文化司：

　　根据《关于报送文化志愿服务工作有关材料的通知》（公共函〔20××〕16号）要求，经研究，我厅拟推荐"××市社区文艺辅导员（舞蹈类）培训班"和"××黎族自治县广场文化活动"两个基层文化志愿服务活动品牌项目，现将有关材料报送贵司，请审核。

　　此函。

××省文化广电出版体育厅

20××年11月19日

第*15*讲 答复函写作

答复函用于对商洽、询问函的回复。

答复函的标题和正文格式要求如下：

答复函的标题一般由答复单位名称、答复事项和文种构成或由答复事项和文种构成。如《关于物业承包事宜的复函》。

答复函的正文一般分为三部分：一是告知情况。说明对方来函已收到，可写明收到的日期，同时简述对方所询问题或所提要求。并用"经……研究，答复如下"等字样过渡到下文。二是答复意见。针对来函的内容，给予明确的答复，要写得具体而简练，让对方一看便清楚你的意图，切不可写得模棱两可，让对方难以判断。三是结束语。一般用"特此函复"或"谨作答复"等作结。有时也可不用结语。

例文：

关于同意 ×× 机场北线高速公路 ×× 段设置收费站的复函

省交通运输厅、省发展改革委、省财政厅：

《关于 ×× 机场北线高速公路 ×× 段设站收费及核准收费期限的请示》（× 交公〔20××〕×× 号）收悉。省政府同意 ×× 机场北线高速公路 ××

段建成后，设置××××收费站1处，××××收费站1处，收取机动车辆通行费。自开始收费之日起，收费期限××年。

××省人民政府办公厅

20××年×月××日

第16讲　公报写作

公报适用于公布重要决定或者重大事项。公报作为党的机关公文出现时，主要是党的中央机关用于发布重要决策。公报作为行政公文使用时，主要是国家和政府用以通报外国元首或政府首脑来访时的情况以及双方达成的共识。公报分为会议公报和新闻公报等类型。

公报具有重要性、公开性和新闻性等特点。公报使用者是党和国家高级管理机关，所涉及的内容是重要决定、重大决策和重大事件，一经发布，即在国内外引起强烈反响。公报是公开发布的公文，不具有任何保密性。公报多是通过新闻渠道刊登和播发，除以党和国家机关名义直接发布重要决定或重大决策的公报外，公报大多具有新闻性，直接以新闻形式发布的公报，则常冠以《新闻公报》之名称。

公报主体一般由标题、题注和正文等要素组成。

公报的标题有多种写法，一是会议名称和文种组成，如《中国共产党第十八届中央委员会第一次全体会议公报》。二是由发文机关和文种组成，如《中华人民共和国国务院公报》。

题注在标题的下一行居中书写，并用圆括号括起。要写明会议通过的时间和会议名称。如：(2012 年 11 月 15 日中国共产党第十八届中央委员会第一次全体会议通过)。

公报正文开头部分，写明会议基本情况。包括会议的时间、地点、人物、事件等叙述要素，要写得简明扼要、清楚明白。主体部分介绍会议议定情况和主要精神，这部分内容的表达要注意层次分明。结尾部分，提出号召、希望和要求等等。

公报写作一是要注意重点明确，主旨突出。有些公报，特别是会议公报和涉及统计情况的公报，内容往往比较繁杂，因此，在撰写时必须抓住重点，突出行文的主旨。要把写作重点放在对事件的陈述和观点的阐述上，而且要紧扣全文的核心内容来写。二是要注意用语的准确性和概括性。公报作为党和国家高级管理机关使用的公文，用以公布重大事件或重要决策，因此它十分讲究用语的准确性和概括性，要最大限度地使用低密度的语言，用较少的文字涵盖丰富的内容，做到言约意丰。

例文：

中国共产党第十七届中央纪律检查委员会第八次全体会议公报

（2012年11月4日中国共产党第十七届中央纪律检查委员会第八次全体会议通过）

中国共产党第十七届中央纪律检查委员会第八次全体会议，于2012年11月3日至4日在北京举行。中央纪律检查委员会委员125人出席会议，并列席了中国共产党第十七届中央委员会第七次全体会议。

中央纪律检查委员会常务委员会主持会议，中共中央政治局常委、中央纪律检查委员会书记贺国强作了重要讲话。

全会审议并通过了中共中央纪律检查委员会向党的第十八次全国代表大会的工作报告，同意将报告提请党的第十八次全国代表大会审查。

全会认为，党的十七大以来，中央纪委和各级纪委在以胡锦涛同志为总书记的党中央领导下，高举中国特色社会主义伟大旗帜，以邓小平理论和"三个代表"重要思想为指导，深入贯彻落实科学发展观，坚持党要管党、从严治党方针，全面履行党章赋予的职责，扎实推进党风廉政建设和反腐败工作，取得新的进展和成效，为党和国家事业发展提供了有力保障。同时也要看到，在世情、国情、党情发生深刻变化的新形势下，我们党面临的执政考验、改革开放考验、市场经济考验、外部环境考验是长期的、复杂的、严峻的，精神懈怠危险、能力不足危险、脱离群众危险、消极腐败危险更加尖锐地摆在全党面前，反腐败斗争形势依然严峻、任务依然艰巨，必须充分认识反腐败斗争的长期性、复杂性、艰巨性，坚持反腐倡廉常抓不懈、拒腐防变警钟长鸣。

全会强调，坚决反对腐败、建设廉洁政治，是我们党一贯坚持的鲜明政治立场，是人民关注的重大政治问题。要坚持围绕中心、服务大局，坚持标本兼治、综合治理、惩防并举、注重预防方针，紧紧围绕党的先进性和纯洁性建设，着力加强以保持党同人民群众血肉联系为重点的作风建设，深入推进以完善惩治和预防腐败体系为重点的反腐倡廉建设，认真解决反腐倡廉建设中人民群众反映强烈的突出问题，坚定信心、加大力度，与时俱进、改革创新，进一步提高反腐倡廉建设科学化水平，做到干部清正、政府清廉、政治清明，为落实党的十八大作出的各项重大决策和战略部署提供有力保证。

全会增选××同志为中央纪委副书记，×××同志为中央纪委常务委员会委员、副书记。

全会要求，各级纪委要紧密团结在以胡锦涛同志为总书记的党中央周围，勇于进取、扎实工作，不断取得党风廉政建设和反腐败斗争新成效，为圆满完成党的十八大各项战略决策部署、实现全面建成小康社会的奋斗目标作出更大贡献！

17

第17讲 公告写作

公告适用于向国内外宣布重要事项或者法定事项。重要事项，包括法律、法令、法规、重大国家事务活动、重大科技成果、有关重要决定等。法定事项包括按照法律向社会公布有关规定。公告可分为重要事项公告和法定事项公告两大类。

公告具有发布范围的广泛、涉及内容的重要、传播方式公开和行文庄重严肃等特点。在法定公文中，公告属于普发性、知照性公文，通常没有特定的主送机关，告知范围非常广泛，有的公告不仅要在国内公布，还要在世界范围内公布。公告涉及的事项一般都比较重要，特别是向国内外宣布重要事项或法定事项的公告，往往涉及国家大事。所有公告都以公开的形式发布，无需保密，也无需逐级下发。公告因所涉及的内容重要，而且公开发布，所以公告行文无论是内容、形式，还是态度、语言都十分庄重严肃。

公告主体一般由标题、正文、署名和成文日期等要素构成。

公告的标题有多种形式。一是由发文机关、主要内容和文种组成。如《广西壮族自治区 2012 年度考试录用公务员公告》。二是由发文机关和文种组成。如《中华人民共和国外交部公告》。三是由主要内容和文种组成。如《关于招聘机关工作人员的公告》。四是以文种作标题，如《公告》。

公告正文的开头主要用来写发布公告的缘由，包括根据、目的、意义等。公告正文的主体写公告事项。因每篇公告的内容不同，主体的写法因文而异。有时用贯通式写法，有时需要分条列出。总之，这部分要求条理清楚、用语准确、简明庄重。公告一般用"特此公告"的用语作为结尾。

公告署名在正文的右下方，签署发文机关名称。成文日期置于署名下方。

公告写作应注意以下几点：

一是用语规范，准确无误。公告是面向国内外宣布重大事项或法定事项的公文，通常代表国家和政府表明立场、态度，宣布政策与措施。因此，要以庄重严肃的态度去选择、推敲词语，使用规范的书面语和惯用语，其词语、称谓以及标点符号等，都必须符合规范，做到准确无误。

二是一文一事，内容集中。公告强调"一文一事"的行文原则，不能将几件事都列入一篇公告之中。

三是高度概括，简明易懂。撰写公告要注意概括，不需描述事情的详细经过与具体情节，不发议论，不需过多说理或说明性文字，更不需抒情。文字要简洁精练，明白晓畅，做到"文简而事白"。

四是慎重行文，切忌滥用。公告是高等级的知照性公文，国家法律法规对其发文机关有严格的限定，它所涉及的内容又是国家重要事项和法定事项，因此，要慎用文种，不得随意制发，切忌滥用。一般只对小范围有关系的事件，不宜使用公告这一文种。

例文：

关于春节期间市区
有限制燃放烟花爆竹的公告

为确保广大市民欢度春节，市政府决定，20××年春节期间在市区继续实行有限制燃放烟花爆竹。现将有关事宜公告如下：

一、限定燃放时间。允许燃放时间为20××年2月6日（农历腊月二十三）、2月13日（农历除夕）至3月1日（正月十六）、3月17日（农历二月初二）的早上7时至晚10时。除夕夜延长至次日凌晨1时，正月初一提前至凌晨5时。

二、限定燃放区域及场所。禁止在国家机关、文物保护单位、医院、疗养院、敬老院、影剧院、公园、博物馆、图书馆、档案馆、体育场馆、公共娱乐场所、繁华街道和交通主干道、集贸市场、车站内及楼房阳台燃放；严禁在生产、储存、销售易燃易爆等危险化学品工厂、仓库、加油站、液化气站周边100米以内及电力、通信线路附近燃放。

三、限定销售、燃放品种。严禁销售、燃放两响炮、铁炮、拉炮、摔炮、砸炮、手持升空类烟花、礼花弹、土火箭、土老鼠等装药量大、敏感度高、危险性大的品种和未经批准生产、销售的各类烟花爆竹。禁止在变电站等电力设施500米以内，燃放带降落伞或金属丝的高空礼花类烟花爆竹。

四、限定销售单位和时间。经所在地安监局批准的烟花爆竹经营点必须从我市已经取得烟花爆竹经营许可证的批发企业进货，凭经营许可证、临时占道许可证（非占道经营的自然村除外）、营业执照，悬挂规范统一的标识从事烟花爆竹经营活动。允许销售日期为20××年2月3日（农历腊月二十）至2月28日（农历正月十五）。

五、对违反规定者予以处罚。未经许可经营烟花爆竹的，安监部门依据《烟花爆竹安全管理条例》，责令停止非法生产、经营活动，处2万元以上10万元以下的罚款，并没收非法生产、经营的物品及违法所得；从事烟花爆竹零售的经营者销售非法生产、经营的烟花爆竹，或者销售按照国家标准规定应由专业燃放人员燃放的烟花爆竹的，安监部门依据《烟花爆竹安全管理条例》，责令停止违法行为，处1000元以上5000元以下的罚款，并没收非法经营的物品及违法所得，情节严重的，吊销烟花爆竹经营许可证；未经许可运输烟花爆竹的，公安机关依据《烟花爆竹安全管理条例》责令停止非法运输活动，处1万元以上5万元以下的罚款，并没收非法运输的物品及违法所得；违规燃放烟花爆竹的，公安机关依据《烟花爆竹安全管理条例》，责令停止燃放，并处100元以上500元以下罚款。

以上违规行为构成违反治安管理行为的，公安机关依据《治安处罚法》给予治安管理处罚。对造成国家、集体和他人财产损失或人身伤害的，根据情节依法追究民事、刑事责任。

六、各级政府和有关部门，要组织新闻单位、机关、企事业单位、社会团体、学校、街道办事处、居委会、村委会，采取各种形式广泛宣传烟花爆竹安全燃放知识，广大市民要自觉遵守并主动劝阻、制止不安全行为，积极举报违规违法行为。凡举报查实的，将依照市政府有关规定予以奖励。

举报电话：市公安局110；市安监局××××××××

××市人民政府

20××年2月2日

18

第 *18* 讲　通告写作

向社会公布应当遵守或者周知的事项，用通告。

通告由标题、正文、署名、成文日期和印章构成。

通告的标题有以下几种形式：（1）由发文机关、事由和文种构成。如《×××××部队关于保障××施工安全的通告》，其中"×××××部队"是发文单位，"关于保障××施工安全"是事由，"通告"是文种。（2）由事由和文种构成。如《关于图书馆开放的通告》。（3）由文种构成。即用"通告"二字做标题。以上三种标题均可酌情使用。

正文是通告的主体，其结构大体分为三个部分。一是导语。在开头用一段简练的文字概括写明通告的依据、目的和意义。二是主体。写清需要人们遵守或周知的具体事项，可以分条逐项叙述。其内容要符合有关政策法令精神，文字表达要准确、简要，如带有专业性质的，可以使用标准的专业术语。三是结尾。可写明对违反规定事项者的惩处办法，也可以对有关群众提出号召。

通告正文写作要注意以下两点：其一，内容要严谨准确。一是要注意政治性和政策性。通告的一个鲜明特色是具有极强的政治性和政策性，代表了发布机关的职权和意图，一经发布就要遵照执行，具有行政的、法定的约束力。因此，通告写作要十分严谨，所做出的各项规定，一定要以宪法以及党和国家的基本政策为依据，切不可发生偏差，更不能与之抵触。二是要认真推敲。通告是公开发布的，因此写作时必须高度负责、认真推敲，措辞要准确。其二，表达要通俗精练。通告一般是写给广大军民看的，要求语言通俗，明白流畅，用词选字，切忌艰深难懂，严防含混不清。使用陌生专业术语，要做出必要注释，以便于群众理解。文字要洗练，做到简明扼要，切忌重复杂乱，做到惜墨如金。

通告通常以本级机关或本单位的名义发布。署名有单位署名和机关署名两种情况。成文日期在署名的下方标识，要用阿拉伯数字。印章要与署名相一致，居中压在署名上，上不压正文，下压日期。

例文：

通 告

根据我部训练工作安排，将在以下时间和地域进行火炮实弹射击，为保证安全，防止事故发生，特通告如下：

一、实弹射击时间：3月25日8:00—18:00。

二、实射地点：×山南侧实弹射击训练场。

三、警戒区域：×山山脊东西一线南侧，大水沟以东，自由马路以西，饲养场以北（区域边沿有红旗为标志）。

四、实射期间，严禁一切人员、车辆、牲畜等入内；严禁无关人员在区域边沿驻足观望，通过马路时，自觉听从警戒人员指挥，否则，一切后果自负。

××××× 部队

20×× 年 2 月 20 日

19

第*19*讲　纪要写作

纪要适用于记载会议主要情况和议定事项。纪要写作目的是反映会议的基本精神，以便与会单位统一认识，在会后贯彻落实。纪要可分为决策型会议纪要、交流型会议纪要、研讨型会议纪要等种类。

纪要具有纪实性、概括性、权威性和备查性等特点。

纪要的纪实性体现在：纪要是根据会议的主题、议程、会议记录、会议活动情况等相关材料综合整理出来的公文。它如实地记载会议的基本情况，如实地传达会议议定的事项和主要精神，对会议存在的分歧或问题等也真实地予以反映。纪实性是纪要的基本特性，离开了纪实性，纪要便失去了自身的价值。

纪要的概括性体现在：纪要是将重要的会议情况、会议研究决定的重要事项和决策意见分析综合，摘其要点，舍其芜杂，按照一定的逻辑顺序整理而成，概括出主要精神和重点内容。而不是像会议记录那样，事无大小、有言必录。

纪要的权威性体现在：有些会议本身就具有权威性，如各级政府的常务会议。而一个重要的会议的纪要是经过与会者讨论，并由法定多数通过的事项，体现了会议参与者或领导集体的共同意志。纪要一经发出，将对有关单位和人员产生约束力，往往具有指挥性公文的权威作用。

纪要的备查性体现在：纪要具有凭证作用和资料文献价值，特别是一些重要会议的纪要，多年后还会成为人们确认某段历史的依据。有些纪要主要不是为了贯彻执行，而是为了向上级汇报或向下级单位通报情况，便于有关单位或人员周知，这类纪要成文后，常立即传阅，然后存档，以备查用。

纪要一般由纪要标志、成文日期和正文等要素组成。

纪要标志一般由会议名称和文种两个要素构成，如《中共 ×× 市委第 × 届 × 次全会纪要》。

会议纪要的成文日期一般加括号标写于纪要标志之下正中位置，以会议通过日期或领导人签发日期为准。

纪要的正文分为前言、主体、结尾三大部分。

前言记述会议的基本情况。包括：召开会议的时间、地点、会议名称、主持人、主要出席人、会议主要议程、讨论的主要问题等。对会议基本情况的介绍，要根据需要把握好详略。这部分表达完毕后，可用"会议纪要如下"或"会议确定了如下事项"为过渡，转入主体部分。主体是纪要的核心部分，会议的主要精神、会议议定的事项、会议上达成的共识、会议对与会单位布置的工作和提出的要求、会议上各种主要观点及争鸣情况等等，都在这一部分予以表达。由于这部分内容复杂，多数情况下都需要分条分项撰写。不分条的，也多用"会议认为""会议指出""会议提出"等惯用语作为各层意思的开头语，以体现内容的层次感。结尾比较简短，通常用来强调意义、提出希望和号召等，结尾处还可以对会议的情况做一些补充说明。在不影响全文结构完整的前提下，也可以不写专门的结尾部分。

撰写纪要要做到以下几点：

一是忠实反映会议真实情况。会议纪要有着纪实性的特点，必须坚持实事求是的原则，忠实于会议的实际内容，会议没有的内容不能写，会议谈论的重点问题不能遗漏，撰写者的个人见解也不能掺杂进去，更不能随意更改与会者的观点，应客观、真实地反映出会议的实际情况。

二是切实体现会议正确意见。会议上讨论的意见一般都是各种各样的，不能把所有的意见都写入纪要之中，而是要根据会议的主题，认真分析综合，把重点放在经过会议统一了认识的结论性意见上，要切实体现会议的正确意见。除了一些学术讨论会和座谈会的纪要外，一般不把分歧性意见或会议没有讨论出结果的问题写入其中，尤其是办公会纪要更是如此。

三是表述做到条理清晰。不同的纪要有不同的写法，而条理化则是其共同的要求，而且也是纪要与会议记录的一大区别。纪要是对原始记录的分析、综合、归纳、整理的结果，条理要清晰、眉目要清楚。

四是成文要迅速及时。纪要产生于会议后期或会议结束之后，但纪要的定稿、发出时间，不可与会议闭会日期相距得太久，为此，纪要的成文要迅速及时。起草纪要需在会议进行之前就做好足够的准备，掌握会议宗旨；在会议进行过程中，要注意了解会议进程，积累有关材料，等会议进行到一定阶段后，有的纪要即可着手拟出提纲，写出草稿，提交会议讨论定稿；有的纪要在会议结束时经有关领导审定后发出。

例文：

××市委常委会部署
系列学习宣传贯彻活动会议纪要

（20××年××月××日）

22 日，××市委常委会召开研究部署××市学习宣传贯彻党的十八大精神系列活动会议。

参加会议的有：（略）

会议由省委常委、市委书记、市人大常委会主任×××主持。

会议确定：认真学习宣传和全面贯彻落实党的十八大精神，是当前和今后一个时期的首要政治任务，要在全市迅速掀起热潮，让十八大精神家喻户晓、深入人心。

会议安排，市委将于近期举办全市学习贯彻十八大精神专题研讨班，邀请专家作专题讲座，市领导依次作专题发言，并分专题组织各区、各部门和单位主要负责同志交流发言。通过深入研讨交流，进一步深刻领会十八大精神，理清发展思路，明确发展重点，优化发展措施，加快推进国家中心城市建设。

全市市管干部学习贯彻十八大精神专题培训班将在市委党校举办，连续举办 7 期，每期两天。

与此同时，全市将广泛开展十八大精神宣讲活动。宣讲工作分两个层次，全覆盖展开：成立市委宣讲团，赴各行政区、功能区及有关市直单位、企业、学校进行宣讲；启动理论宣讲"百千"工程，从专家、十八大代表、先模人物、基层理论宣讲骨干中挑选百名宣讲员，进企业、进农村、进机关、进校园、进社区，开展千场基层大宣讲。

会议强调，宣讲活动要准确把握十八大报告的主题和精神实质，讲透学透事关全局的几个关键问题，主要包括：深刻领会坚定不移走中国特色社会主义道路的丰富内涵；科学发展观的历史地位和指导意义；全面建成小康社会和全面深化改革开放的目标；"五位一体"的中国特色社会主义事业总体布局；全面提高党的建设科学化水平的重大任务等等。学习宣讲十八大精神的工作要按照中央和省委的统一部署，不断完善和深入。宣讲要做到全覆盖，要深入浅出，让群众喜闻乐见，解答好群众关注的热点问题。

会议强调，要确保即将举办的专题研讨班取得实效，参加研讨班的各级领导干部首先要原原本本研读报告，吃透报告精神，认真思考准备。研讨会上鼓励大家畅所欲言、踊跃发言，形成争先恐后讲真话、研究问题的氛围，让大家结合本单位本部门实际，就如何贯彻落实报告精神谈体会、讲措施、定计划。要加强会内会外的互动，通过媒体把研讨班上的精彩观点及时向全社会发布，引导社会各界共同参与研讨，形成全市上下学习十八大精神的浓厚氛围。

会议还研究了认真做好我市党内规范性文件制定、备案工作等议题。

第*20*讲　议案

议案适用于各级人民政府按照法律程序向同级人民代表大会或者人民代表大会常务委员会提请审议事项。议案是行政公文，制作主体限于各级政府。议案具有拟制主体的法定性、行文的必要性、内容的特定性、方案的可行性等特点。议案分为立法性议案、重大事项的决策性议案、任免性议案、建议性议案等类型。

议案主体一般由标题、主送机关、正文、署名和成文日期等要素组成。

一、标题

议案的标题有两种形式，一是发文机关、案由和文种组成，如《国务院关于提请审议〈中华人民共和国劳动法（草案）〉的议案》。二是由案由和文种组成。如《关于提请审议修改后的国务院机构改革方案的议案》。

二、主送机关

议案的主送机关，是同级人民代表大会及其常务委员会，要采用全称或规范化简称。

三、正文

议案的正文通常包括案据、方案和结语三部分。

案据是议案的第一部分，即提供提出议案的根据。由于内容不同，这部分的篇幅长短在不同议案中会有很大差异。有的案据内容复杂，理由阐述要充分，文字也很多，案据占全文的一半以上篇幅。有时案据内容单一，写作可以从简。

方案是对提请审议的事项或问题提出解决的途径、方法的部分。不同类型的议案写法不尽相同。提请审议已制定的法律法规的议案，写明提请审议的法律法规的名称即可；任免性议案，要写明将被任免人的姓名和拟担任或拟免去的职务；提请审议重大决策事项的议案，要把决策的内容一一列出，供大会审阅；建议采取行政手段解决某方面问题的议案，要把实施这一行政手段的方案详细列出，以便于审议。

结语是议案的结尾部分，主要用于提出审议请求。一般都采用"请审议。"或"这个草案业经政府同意，现提请审议。"等短语作为结尾。

四、署名和成文日期

议案由政府首长签署。国务院提交给全国人大的议案，要由总理签署；各省、市、自治区提交给同级人民代表大会的议案，要由省长、市长或自治区主席签署。

成文日期写在署名下方。

例文：

国务院关于提请审议
《中华人民共和国劳动法（草案）》的议案

全国人民代表大会常务委员会：

为了适应建立社会主义市场经济体制的需要，推动劳动制度改革，保护劳动者的合法权益，确立、维护和发展用人单位与劳动者之间稳定和谐的劳动关系，促进经济发展和社会进步，劳动部门同有关部门草拟了《中华人民共和国劳动法（草案）》。这个草案已经国务院常务会议讨论通过，现提请审议。

国务院总理　××（印）

××××年×月××日

第*21*讲　计划写作

古人云：凡事预则立，不预则废。无论做什么事情，事先有计划才能获得成功。

计划具有明确的目的性、较强的预见性、一定的法规性等特点。计划的制订过程实际上是目标、措施、步骤逐步调整和明确的过程，它一经订出，就为这项工作或任务的所有参与者指明了方向，确定了完成任务的目标。计划一旦确定，就要认真贯彻执行，没有特殊情况不可随意更改。

计划有条文式、表格式、条文表格结合式等不同形式。但是，无论哪种形式，一般都由标题、正文、落款和日期构成。

标题即计划的名称。计划标题要写明制订计划的单位名称、计划的内容，有时还加上期限（适用时间），计划也可以不写制订计划单位的名称，只写明计划的内容和期限。

正文有以下几个层次：首先是前言，或概况。即对前段时间的基本情况，成绩、缺点、经验、教训等作简要的总结和分析，交代上级的指示、要求，明确计划的指导思想。有的计划，由于大家对本单位或本项工作历史和现实情况比较熟悉，可略写基本情况，主要突出指导思想。例如制订一份专题教育的实施计划，第一，写清楚本专题教育的指导思想。第二，点明工作的重点和总的目标，即交代指标、任务。这一点要写得简单明确。第三，提出今后工作的具体措施。这部分要针对指标、任务，写清怎样去做，先做什么，后做什么，做到什么程度，什么时候完成，怎样分工，由谁负责等。对执行计划的具体检查、评比与奖惩办法，也写在这里。第四，分别对有关部门的工作提出具体要求。

落款和日期写在正文的右下方。如标题上已有单位名称，便省略落款，只写年、月、日就可以了。

此外，与计划有关的一些材料，不便在正文里表达时，可以写附件或附表，但需在正文后落款前写明附件或附表的名称、件数。

计划拟写要注意以下几点：

一是要从实际出发，切实可行。计划是对未来行动的预想和策划，制订计划要充分认识到事物发展的前景，依据现有情况，分析各种不利的因素，拟定的行动程序和方法措施要合情合理。计划是执行的依据，从计划的目标到措施都必须切实可行，才能有效地指导工作，否则计划就会落空。

二是要留有余地，掌握分寸。订计划既要考虑到客观条件，又要充分发挥人的主观能动性，使计划建立在科学的基础上。计划规定的指标、任务应是经过努力能够达到的。千万不可说大话，乱提指标。

三是要求要具体，表达要确切。计划是要求贯彻执行的，因此，所提要求一定要具体，不能流于一般号召。在语言表达上一定要确切，让人看了不产生疑问或误解。计划中的有关政策、要求、措施等用语，一般都有时间、范围、数量、程度、条件、主次等方面的区别，必须交代清楚。

例文：

保持共产党员先进性教育实施计划

根据县委的部署，结合我乡实际，现就我乡开展"保持共产党员先进性教育活动"做如下实施计划。

一、指导思想

这次教育活动，以深入学习和实践党的创新理论，着重引导全体党员增进对党的热爱、依赖和忠诚，坚定理想信念，强化政治意识，教育引导党员增强先进性意识，明确先进性的标准，实践先进性要求，树立先进性形象。通过教育，使党员的先进性意识有明显增强；精神面貌和作风有明显变化；提高自身能力素质的紧迫感有明显增强；先锋模范作用发挥有明显进步；打牢乡各级党组织建设和乡全面建设的思想与组织基础，确保把乡建设好，圆满完成上级交给的各项工作任务。

二、时间安排（见附表）

三、方法步骤

整个学习教育活动分以下 4 步进行：

（一）思想动员

这次教育活动是今年我乡党建工作的一项重要内容，要在参加教育动员大会的基础上，结合我乡党员的思想实际进行再动员，帮助大家深刻理解和领会组织开展"保持共产党员先进性教育活动"的重要性和必要性，增强全体党员参与教育活动的积极性和自觉性。

（二）专题教育

理论学习和专题教育，到 6 月中旬结束，干部党员主要以县委下发的学习材料和指定的学习书目为基本内容，以党课教育和自学为主要形式，分 4 个专题：①坚定理想信念，坚持党的领导；②自觉坚持党和人民的利益高于一切；③树立高尚的道德情操，自觉抵制腐朽思想文化和错误思潮的影响；④保持奋发向上的精神状态，为党的事业而努力奋斗。普通党员教育以县下发的有关文件所规定的内容进行。

（三）对照检查

在学习教育的基础上，6 月下旬至 7 月初，全体党员要按照县委的要求，对照党员标准，联系个人思想实际和工作职责，认真开展"四查"活动。①查思想。主要检查理想信念是否坚定；在重大原则问题上和重要政治斗争中的态度、立场和表现，对各种反动观点、错误思想和伪科学的东西能否自觉抵制和斗争；改革创新，勇于开拓的意识强不强。②查作风。主要检查有无脱离群众，不关心群众疾苦的问题；有无脱离实际，做表面文章甚至弄虚作假的问题；有无学用脱节，言行不一的问题；有无贪图享受，铺张浪费的问题。③查纪律。主要检查遵守政治纪律和组织纪律的情况，是否存在有令不行、有章不循甚至违规违纪的问题。④查工作。主要检查事业心、责任感和精神状态与新形势新任务是否相适应，在各项工作中发挥的作用与党的先进性要求是否相适应。

在搞好共性检查的基础上，干部党员要重点查找和解决在"尽职责、强素质、作表率"方面存在的问题。普通党员重点查找和解决"爱集体、守纪律、起作用"方面存在的问题。

7月初，召开干部民主生活会，对照党员先进性标准，围绕"四查"要求，认真开展批评与自我批评，干部党员要写出书面对照检查材料，在此基础上进行民主评议。普通党员也要写出书面对照检查材料，在党支部民主生活会上汇报自查情况，支部书记对本支部的党员逐个进行讲评。

（四）整改落实

教育要贯彻边整边改的原则，要针对这次教育中查找出的突出问题和大家反映集中的问题，在认真分析研究的基础上，制定具体的整改措施。对在党员测评和民主评议中问题较多、群众意见较大，而自己不认识、不认真改正的党员，进行重点帮助。对党员队伍中带普遍性的问题，研究制订加强党员教育管理的有效措施，确保教育和整改取得实实在在的效果。

教育结束后，乡党委要对教育情况进行认真总结，同时，向上级党委写出专题报告，接受上级的检查验收。

四、几点要求

（一）提高认识，积极参加学习教育活动。这次教育活动是今年党建工作的一项重要内容，是大力加强思想政治建设的重要举措，全面提高党员队伍素质的实际步骤，是坚定广大党员理想信念，确保经受复杂形势和艰巨任务考验的迫切需要。全体党员要充分认识教育的目的和意义，增强参与教育的自觉性和积极性。

（二）突出重点。在教育中，要注重学好理论，注重解决党员队伍中存在的突出问题。

（三）讲究实效，确保教育质量。要坚持"时间服从效果、进度服从质量"的原则，高标准、高质量地抓好理论学习、对照检查、整改落实等关键环节，确保教育不走过场。

附：教育计划时间安排表（略）

中共××乡委员会

20××年×月×日

22

第22讲　安排写作

安排是对未来短时间的某项具体工作提出要求、规定任务的一种计划性公文。凡是召开各种会议、开展各项活动、完成各项任务等需要分工负责和日程性工作，都必须事前进行安排。安排也是计划类公文中使用频率较高的文种。

安排分为表格式和条文式。安排一般由标题、正文、署名和日期构成。

安排的标题一般由单位名称、适用时间、事由、文种组成。如《××市20××年×月领导干部理论学习安排》。

正文由导语和主体两部分构成。导语。一般是简要说明安排的缘由，主要内容。如："根据市通知要求，现将学院迎接卫生检查工作安排如下。"前一句是说明安排的缘由，即依据；后一句是说明安排的主要事项。主体。这是安排的具体内容，一般由安排的事项和要求组成。安排的事项，通常是按内容的性质，分成几个方面，分条逐项地写。项目要写得具体、明确，才有利于落实。要求，这是完成安排项目应采用的一些手段、做法。要求是为完成安排项目而提出的，是完成项目的保证。因此，要求的提出一定要有的放矢，切实可行。

表格式或内容比较单一的活动安排，正文部分也可从简，只列出有关项目，并以备注的形式提出有关要求即可。

署名和日期。写在正文之后的右下方。题目中已经表明行文单位及题目下表明行文日期的安排，正文之后可不再标注单位和日期。

安排写作要注意以下几点：

一是要明确文体特点，做到周密严谨。安排与计划同属于计划类公文，但两者有所不同，前者的目标是经过努力争取实现的，因而订计划要留有一定余地，而安排的内容条款，是要求在正常情况下，必须做到的，没有什么"弹性"。因此，写安排必须注意周密和严谨。安排不周全，执行起来就会出现各行其是和种种不落实的现象。

二是要讲究条理清楚，力求简洁明了。安排写作要符合公文行文规范，用语要准确，表述要条理清楚，内容要简洁明了，使人一看便知，对安排的内容要分类排队，按不同的类别，一条一项地写，从而让人一看就知道怎样去做。

例文：

×连×月第4周工作安排

20××年×月××日

星期	早操	上午	下午	晚上	值班干部
一	跑步	教学保障	教学保障学习专业	19：00~19：30 看新闻 21：00 点名	×××
二	出操	教学保障	教学保障学习专业	19：00~19：30 看新闻 21：00 点名	××
三	跑步	队列训练	条令学习体能训练	19：00~19：30 看新闻 21：00 点名	×××
四	出操	队列训练	政治教育	19：00~19：30 看新闻 21：00 点名	××
五	跑步	车场日	党团活动	19：00~19：30 看新闻 21：00 点名	×××
六	整理	休息	休息	自由活动	×××
日	内务	休息	16:00 收假打扫卫生	连务会班务会	××
备注		1. 以上安排望各连同志自觉执行。2. 如有变化另行通知。			

连长：×× 政指：××

23

第23讲 专题总结写作

总结是单位或个人对自身过去一个时期、一个阶段或一方面工作情况，进行系统回顾、检查和评判时所使用的文书。从性质上划分，可划分为综合性总结和专题性总结。综合性总结，也叫"全面总结"，是对本单位或本人在一定时期内完成整个工作情况所进行的总结。由于内容较多篇幅难以达到短的要求，而专题性总结是对在一定时期内完成某一项工作或某一方面工作所进行的专门总结，写作中大都是能做到精短的。

专项性总结通常偏重于肯定成绩，总结好的做法和成功的经验，而不涉及其他方面的情况。也有的专题总结既总结成功的做法和经验，也总结问题和教训，并找出存在问题的原因，提出今后的打算。采取哪种方式，要根据内容和需要而定。但一般要把侧重点放在总结工作经验上，要通过对以往所做工作的回顾和分析，真正总结出几条实在、管用的经验来。

总结一般包括标题、基本情况、工作和成绩、存在的问题、经验教训、今后的意见或打算等几个部分。其基本写法如下：

标题大体上有三种写法：一是以单位名称、主题内容和文种作标题，如《××市第五中学艰苦奋斗教育总结》。二是以单位名称、时限、主题内容和文种作标题，如《×××学院第一季度教学工作总结》。三是以主题内容和文种作标题，如《科技练兵工作总结》。

基本情况的介绍通常以导语的形式，放在总结的开头，有的作为总结的前言。这部分要说明开展工作的依据，对整个工作基本形势总的分析，对工作情况进行基本估价等。也可以简述工作的背景，说明是在什么条件下开展工作的。

这部分既有起首开篇的作用，又有提纲挈领，总领全文的作用。

工作和成绩要反映出做了哪些工作，怎么做的，取得了什么成果。要比较全面地列举出本单位所做的主要工作，并对从事这些工作的主客观条件，包括有利条件和不利条件，对工作的环境和基础等进行分析，从中反映出特点、成绩和进步。如哪些做法得到上级的肯定推广，有哪些典型的事例，典型的单位和个人，整体建设和各项工作有哪些变化，等等。

经验体会是总结的主体部分。写好总结，关键是要写好经验；经验准不准确，深不深刻，是衡量总结质量高低的重要标志。写经验体会可从以下几方面入手：一是从单位建设的大是大非问题上提炼经验。二是从上级关注的重点工作和经常强调的问题上提炼经验。三是从本单位的特色工作中提炼经验。四是从与过去的对比中提炼经验。经验体会在写法上多采用夹叙夹议以叙为主的方式，既要有情况、做法和过程的简明扼要叙述，又要有说明、分析和恰到好处的中肯议论，使理论和实践相结合，观点和材料相统一。

存在问题可单独列项，也可不单独列项，放在经验体会后面写，也有附在工作和成绩后面的。这一部分要指出存在的问题和缺点，并加以分析，说明原因，找出教训。各单位和个人的实际情况不同，存在的问题也各有差异，应该实事求是，有什么问题就讲什么问题。

今后意见包括今后打算和努力方向。是讲打算今后做什么，怎么做，打算做到什么程度，写得要明确具体，不要只讲原则性的空话。

文无定式，总结的写作方法不是固定不变的。总结的结构也是多样性的。既可以用四段式即基本情况、主要经验、存在问题、今后意见这样的结构，也可以用基本情况、主要经验教训、今后意见这种三段式的结构，还可以用把基本情况和主要经验教训作一部分，把问题和今后意见作一部分的两段式结构。实践中不要拘泥于某一种程式，哪种结构适宜就采用哪种结构，而且在可能的情况下，还要提倡有所创新、有所突破，只要基本的内容符合要求，在表现手法和写作技巧上应该避免千篇一律，不能写什么总结都套用一种模式，而要尽可能做到新颖、深刻。

写好总结应注意以下几点：

一是要端正写作态度，掌握政策依据。要明确写总结的目的是为了肯定成绩，找准问题，认清经验教训，提高思想水平，以便做好今后的工作。如果为了敷衍搪塞，或者是为了讨好上级，或借此标榜自己，达到不正当的目的，那就肯定不能实事求是地写好总结。因此，写总结首先要有一个正确的态度。

二是要坚持实事求是，力避主观片面。总结的内容一定要实在，材料一定要真实，不能夸大，不能缩小。不能把个别说成普遍，甚至把问题说成经验。在肯定现在时，不要不恰当地否定过去。不管是总结成功的经验，还是总结失败的教训，都要进行辩证地分析，结论必须符合实际，不能按个人的主观想象，更不能凭个人的感情下结论。

三是要详略得当，重点突出。内容既要有相对的完整性，但也不能求全贪多，不分主次，把什么东西都写上去，搞成流水账，而是必须有详有略，突出重点。

四是语言要规范得体，表达准确简洁。写总结在语言方面的基本要求是：准确、简明、庄重、平实，不能空发抒情议论，或使用模棱两可、晦涩难懂的词语。

例文：

××学院伙食保障社会化改革工作总结

近两年来，我院按照上级关于后勤保障社会化改革的具体部署和要求，结合自身实际，在伙食保障社会化改革方面进行了有益的探索和尝试，走出一条投入少、效益较高、规模化施供的伙食社会化保障路子。目前，全院实现了猪肉、鸡蛋、蔬菜等副食原料的集约采购和主副食成品的包伙统供，为推动学院以教学为中心的全面建设发挥了积极作用。

一、主要做法和经验体会

（一）勇于探索实践，实现规模运作

我院驻地集中，人员众多，生活稳定，形成了庞大的消费群体，便于展开规模保障。实施规模化施供，可以降低成本和消耗，减少无谓浪费。鉴于以上考虑，院党委明确提出，学院伙食保障社会化改革必须瞄准当今先进的保障模式，紧密结合学院实际，坚决摒弃"小而全"的社会保障形式，坚持高起点，不能"零打碎敲"，不搞"修修补补"，要着眼长远，实行规模施供。

一是副食原料实行集约采购。从××××年×月开始，猪肉、鸡蛋、蔬菜、牛奶、豆腐和伙食用煤实行集约化采购。具体办法是学院提供需求计划，由保障公司直接送到各伙食单位，学院生活服务中心派专人监督采购、分发和开发票。这种模式由于取消了采购的中间环节，减少了自行采购中的车辆运输，减轻了官兵奔波之苦，同时也堵住了漏洞，节省了经费，提高了副食品的质量。

二是主食成品实行集中统供。副食原料实行集约采购后，我们又进一步抓了主食成品保障社会化改革。今年×月，学院投资××万元，改造了生产环境和车间。保障承包单位投资×××多万元，购置了生产设备，从粮油的采购、运输、保管、加工到成品分发等为学院提供一条龙服务。学院生活服务中心派人监督生产和协调有关事务。学院支付保障公司加工费。目前，主食供应有馒头、米饭、面条、饺子、包子等10余个品种，全院所有伙食单位所需主食不再自制，只需向保障公司提前报计划，开饭前30分钟到主食供应中心领取。主食实施社会化保障后质量明显提高，有效地解决了主食制作中的生、黄、糊问题。

三是学员队实行主副食成品包伙统供。副食原料集约采购和主食成品集中统供的实施，在推进伙食保障社会化方面迈出了较大的一步。如何把改革引向深入，我们根据上级的部署，于今年×月在学员队实行主副食成品包伙统供。先后投资×××多万元，将以中队为单位的小食堂，改造成以大队为单位的大餐厅和一个由×个生产车间组成的生进熟出流程副食品操作间。保障承包公司投资××多万元，购置了炊事机械，全面负责副食原料的采购、制作、分发以及餐具的清洗消毒等保障工作。学院还与保障公司一起，研究制定了学员外出、会餐等特殊条件下的保障方案。

（二）着眼教学需要，保持自身特色

我们在伙食保障社会化改革中，始终坚持以落实条令，不影响正常的教学、工作、生活和校园秩序为前提，保持院校特色，注重把握了以下三个问题：

一是采用包伙就餐方式，保证教育训练质量。学员训练科目多、训练强度大，对体能消耗的热量补充标准要求高；供给制学员伙食费标准有限，必须依靠有效的保障措施使学员吃到总部规定的食物定量营养标准，才能保证学员以充沛的体力参加学习和训练。我们反复权衡认为，如果采取学员自由买饭，势必造成开饭时间延长、就餐秩序混乱和部分学员为了省钱，吃不到食物定量标准。因而，我们采取的供给方式是保障公司在院内制作，"包伙统供"，学员就餐方式不发生变化，保障公司根据食谱定时进行主副食品加工，学员以中队带入饭堂统一组织开饭。

二是兼顾野外训练需要，提高社会化保障的专业化程度。我院学员在校期间野外训练科目多，学员离开营区的训练时间长。因而我们要求保障公司必须同时具备校区内固定保障和野外远程机动保障的能力，能够根据教学训练课程需要，实施野外训练保障和跟随拉练沿途保障。为此，我院组织专门人员对保障公司员工进行军训和野炊训练，保障公司实施军事化管理，一日生活按照学院规定严格要求，从而提高了综合保障能力，较好地保障了野外训练科目的完成。

（三）加强管理监督，确保健康发展

在改革实践中，我们坚持把加强对伙食保障社会化的管理监督，作为一项重要工作来抓，努力提高伙食保障效益，维护学员权益，保证伙食保障社会化工作的正常运行和良性发展。

一是靠合同管理监督。在引进保障公司实行社会化保障前，我们依据国家有关政策、法规，签订了规范的合同文本并予以公证，从而使伙食保障社会化改革工作置于法律保护之下。合同不仅具体明确了双方投资和产权划分，规定了供应主食品的品种、数量及营养标准，要求所供主食品的质量必须符合国家有关规定，食品卫生管理和标准必须符合《食品卫生法》的要求，还明确了保障公司对员工的招聘、使用、管理的具体办法和规定，以及合同期限、提前终止合同的条件、对违约的责任认定和具体处罚措施等。签订了具有法律效应的合同，便于双方按各自的责任、权利和义务开展工作，我们对保障公司实施管理监督也就有了法律依据。

二是靠组织管理监督。实行伙食保障社会化以后，我们在充分发挥和依托各中队经委会的监督作用的基础上，专门成立了学院机关、生活服务中心、大队三级管理监督机构，从而形成了专职监督和经委会监督相结合的监督机制。学院机关管理监督机构，主要负责对保障公司履行合同情况的全面监督，及时协调解决伙食保障社会化中遇到的矛盾和问题。生活服务中心管理监督机构，主要负责确定食物定量、营养水平、食品检验等。大队管理监督机构，主要负责根据伙食费和上级规定的食物定量及营养配餐标准，结合学员课程安排及就餐人员体能消耗情况制定食谱，科学调剂伙食，合理搭配饭菜花样品种，确保实现膳食营养化的目标，并监督承包方原材料投放的数量、质量和服务态度、卫生情况等。对在管理监督中发现的问题，由双方签字认可，作为履约记录登记在案。

三是靠制度管理监督。为对伙食保障社会化实施科学规范的管理，我们依据条令条例的有关规定，贯彻上级有关指示精神，针对学院伙食保障的特点，制定了伙食管理六项制度，包括：经委会制度、订食谱制度、监督制度、伙食水平公布制度、餐厅值班制度和营养计算与食品留验制度。这些制度为实施管理监督提供了具体的、可操作的标准和准则。自实行伙食保障社会化以来，我们一直认真坚持上述六项制度，对确保伙食质量、提高保障水平，起到了积极的作用，为伙食保障社会化的健康顺利发展创造了条件。

二、存在问题和今后打算

在伙食保障社会化改革中，我们取得了一些成果，但是也还存在不少问题，离上级的要求存在一定差距，与先进单位相比也存在许多不足。面临的许多新问题需要探讨，许多新矛盾有待解决，我们要继续努力，做好各项后续工作，保证伙食保障社会化改革的良性发展。一是破除自满思想，制定更高的工作标准。……二是找准短板，解决存在的各种问题。……三是不断实践探索，争取更多创新成果。……

（本例文选自《计划总结写作的33个技巧和66个范例》，李和忠编著，长征出版社2011年7月第1版）

第 *24* 讲　经验材料写作

经验材料，又叫典型经验材料，是以介绍工作先进经验为主要内容的典型材料，是按上级机关的要求整理上报或在会议等场合，进行交流经验时使用的公文。经验材料与事迹材料同属于典型材料，除内容侧重介绍工作经验和体会外，其分类、格式，及其写作要求与事迹材料有许多相同之处。

经验材料一般由标题、署名、导语、正文和结尾组成。

经验材料标题的基本要求简洁、精练，反映材料的中心思想。其形式比较单一，通常采用概要式，用最能代表材料主旨的一句短语做标题。

经验材料的署名多数是以第一人称，单位经验材料署介绍经验的单位名称，个人经验材料署个人的姓名或单位加姓名。另一种情况是以第三人称撰写的经验材料署材料撰写者机关名称或撰写者姓名。第一种情况的署名在标题下一行居中位置，第二种情况一般在文尾。

经验材料的导语有多种形式。

一是概要式。导语以概括性语言写明主要事迹和成就。

二是体会式。即以谈体会的形式开头。

三是概要加体会式。导语中既有对主要成绩的概括，又有体会性的语言。

经验材料的正文没有固定模式，要根据主题的需要安排结构，主要采用横式结构，有的经验材料也常用纵式或横纵交叉式。

横式结构又叫并列式结构。即正文的各部分间为并列关系。这种结构形式是紧紧围绕主题（中心思想），从几个不同的角度把经验材料归纳为几个方面加以阐述。这是经验材料最基本的也是最常用的结构形式。

纵式结构又叫递进式结构。一是按照事物发展的脉络或事件发生的经过，以时间先后为序安排结构。二是按思想认识的发展变化，逐次递进，步步深入安排结构。一般反映单位发展或个人成长进步为主要内容的经验材料采用这种结构形式。

交叉式结构，即采用横式和纵式相结合的形式，安排正文的结构。在经验材料写作中，为了便于灵活组织材料和安排结构，在有些情况下，采用交叉式结构。

经验材料结尾的方式虽然可采用多种，如总结概括式，即用概括的语言总结经验材料的全部精华或主要亮点作为结尾。再如决心式，即用表示决心的方式结尾。还如辩证式，即介绍完经验后，谈一些不足或有待解决的问题等。但是最常用的自然结尾式，即经验介绍完了，全文就此结束。结尾既是最后一部分的结尾，也是全文的结尾，不再另设结尾段落或综括语句。

例文：

依托特色队伍带动基层文化活动开展

近年来，我们积极研究探索基层文化建设的有效途径，摸索了依托特色队伍带动文化活动蓬勃发展的方法和路子。

一、更新观念，把特色文化队伍建起来

团党委一班人深入营连进行调查研究，从实践中认识到，文化活动虽然不是部队的中心工作，但是为中心工作服务，搞得不好直接影响中心工作；文化工作不仅仅是打打球下下棋，做做游戏玩玩牌，更多的是用先进的文化建连育人。从而，牢固确立了"文化活动也是思想政治工作，文化工作连着战斗力""文化工作更是基层建设的重要内容，关系到部队建设的整体水平"的观念。我们着眼群众性参与道德情操培养和用先进文化兴连育人，根据各营、连都想有自身特色的实际情况，突出趣味性和军营"兵味"，积极创建了威风锣鼓队、舞龙队、体操队、腰鼓队和合唱队5支队伍，使得各营连都有自己的特色队伍。为特色队伍建设的深入持久开展，我们还建立了一套科学的规范机制。一是组织协调制度。团、营成立了特色队伍领导小组，并明确了有关职责和任

务，使特色文化工作始终做到时时有人抓、事事有人管。二是培训制度。我们积极与地方联系，请地方专业人员来我团帮助培训文艺骨干；每年组织政工干部培训、基层士官班长培训都把特色文化活动内容作为必训课。三是奖励制度。团在提干、选取士官、考学、入党、立功受奖等热点问题上，对有特长的文体骨干优先考虑，为文体骨干的成长进步开辟绿色通道。对退伍的文体骨干，团政治处给每个人填写《文体骨干推荐意见书》，向当地民政局发函，向用人单位推荐。观念的更新，制度的健全，使得团特色文化活动开展得井然有序，有效增强了军营的凝聚力和部队战斗力。

二、形成规模，把特色文化活动搞起来

特色文化队伍的开展，涉及人才、服装、时间等方方面面的问题需要协调解决。为此，团党委积极想办法，解难题，确保了特色文化活动开展得有声有色。一是内引外联聚人才。我们采取学成才、练成才的办法组建了一支相对稳定的文体骨干队伍。每年新兵入伍后，把有特长的新兵进行建档；老兵复员时，其中一条建议就是把手上的绝活传下来；及时选拔一批热爱基层文化工作、有一技之长的官兵送到驻地艺术学校学习。这些措施的采取，使我们的骨干队伍越来越壮大。二是上下齐心购器材。采取团里补一点和地方赠一点的办法进行添新补差。从家底费中拨出一部分资金，用于购买不足的器材；利用与地方共建的优势，帮助地方参加一些特色活动后，接受地方的一些行头和器材上的捐赠。三是专时专用练技能。特色文化活动的开展不能占用训练、教育等时间，这是建队的一条宗旨。团把每月第二周的党团活动时间，专门留给特色队伍进行合练；各级也充分利用点滴时间进行练习，训练间隙跳跳体操，饭前饭后练练队形，集会前夕唱个合唱。

三、创新发展，使特色文化活动活起来

一是赋予时代特色的主题。我们坚持把文化活动的趣味性、娱乐性同思想性、知识性结合起来，使每一次演唱、每一次表演都赋予了思想教育的主题，使文体活动变成别开生面的思想教育课。积极开展"兵写兵""兵演兵""兵唱兵"活动，深入挖掘、提炼"兵味"，创作编排了节目近百个，切实让特色文化活动蕴含着时代的主题。二是创造灵活多样的形式。我们坚持把继承传统文化与创新先进文化结合起来，在继承的基础上，大胆创新，使得特色队伍不仅保留着原有的本色，还不断增加新的特色。三是紧跟部队担负的任务。特色活动之所以能够让广大官兵喜爱，其中主要的一条原因就是能够紧跟部队担负的任务进行表演。新兵入伍、"五四"运动会、演习出发、演习途中、老兵复员等部队重大活动中，都要专门让官兵擂起"威风锣鼓"、舞起"中华长龙"、跳起"军营体操"、敲起"边塞腰鼓"进行欢迎欢送、宣传鼓动和扬威助兴，使官兵在热闹欢庆中陶冶情操，提升品位。

第 *25* 讲　调查报告写作

调查报告是对客观事物进行实地调查研究后写成的书面材料，是反映调查研究成果的一种应用文体。调查研究是报告的客观基础和依据，而报告则是调查研究成果的客观反映和体现。调查报告写作，既需要一定的调研能力，又需要较高的写作水平。

一、调查报告的特点

与其他文体相比较，调查报告有以下一些特点：

一是题材新鲜。调查研究的目的，是要了解探索我们未知的东西，开拓新的认识领域。调查报告用新的材料、新的见解、新的办法，把人们的思想认识向前推进一步。

二是内容实在。调查报告主要用事实说话，凭事实立论，在大量翔实的材料的基础上，提出问题，分析问题，得出科学的结论。调查报告讲求情况掌握充分，不搞空泛议论。

三是分析深刻。一篇好的调查报告，都善于透过事物的现象，揭示事物的本质，找出事物发展变化的特点和规律。绝不能满足于现象的罗列，简单地反映情况，浅尝辄止，停留在感性认识上。

四是文字精练。调查报告以说明情况，分析原因，解决问题为要旨，表述简明扼要，反对冗长烦琐。有话则讲，无话则收。

二、调查报告的类型

调查报告有多种类型，按性质区分，可分为综合性调查报告和专题性调查报告。综合性调查报告是对一个单位一定时期内后勤建设全面情况的调查报告，专题性调查报告则是对某一方面或某一问题的调查报告。如果按内容区分，可分为先进典型的调查报告、工作经验的调查报告、带倾向性问题的调查报告、具体案件和严重问题的调查报告、研究探索性调查报告等。

先进典型的调查报告，包括对先进个人、先进单位的报告。这类调查报告基本上是先进典型事迹和经验的总结。要通过典型事迹和经验的调查了解，对其行为和做法的根源进行深入挖掘，对其形成和发展的主客观环境作出具体的分析和准确的概括，提炼出典型给人们以启示及普遍性的指导经验。

工作经验的调查报告，是由于某个单位某一方面的工作做得好，对指导和推动其他单位这方面工作有意义，通过进行专门的调查总结所形成的书面报告。这种调查报告要注意把成绩、效果搞清楚，把经验做法提炼概括出来；同时，要注意反映工作的过程，即这项工作是如何开始的，进行当中遇到什么矛盾和问题，怎么认识和解决的，解决后带来什么变化，等等，都要下功夫搞清楚。

带倾向性问题的调查报告，一般带有全局性或具有一定的普遍性，是一个时期内，较为普遍的不正常现象或不良问题的调查分析及提出对策性建议的调查报告。

具体案件和严重问题的调查报告，主要是指针对发生的某一案件或某一严重问题所进行的调查和形成的书面材料。

研究探索性调查报告，大都是围绕新形势下各项工作中遇到的新情况、新问题展开的。对新出现的情况和问题有什么样的表现，有何影响，其原因是什么；我们应该赞同什么，反对什么，怎样去做，通过调查研究作出正确的回答。其中对于一些看准了的事情和问题，则迅速转化为工作决策和具体实践。这类调查报告突出研究性、探索性特点，要求我们必须大力发扬解放思想，实事求是，坚持从实际出发的精神，具有改革创新、锐意进取、敢闯敢试的勇气，这样才有可能搞出价值大、创意新、对建设和改革产生重要作用的成果。

三、调查报告的写作过程

调查报告的写作过程，简要地说，大体可分为三个阶段。

调查研究阶段。这个阶段主要是详尽地占有材料和科学地分析材料。在整个调查报告的撰写过程中，这个阶段是最具根本性的，只有成功的调查研究，才可能产生出色的调查报告。调查时，如有可能应尽量拟定一个弹性计划，明确一下调查的指导思想和目的，确定一下调查的范围和对象，并根据调查对象的特点，选用适当的调查方式和方法。比如，开座谈会、个别交谈、听取汇报、现场观察、书面调查、查阅资料，等等。其中，哪一种方式方法适应调查对象的特点，有利于获取真实情况，就可以采取哪一种。必要时，也可以交叉运用多种方法。近年来，通过书面形式进行随机性或定向性的抽样调查，无论是搞综合性调查，还是搞专题性调查，都运用得比较多，取得的效果也比较好。在调查的基础上或调查的过程中，要注重进行研究分析，力求找出问题的原因、本质和规律。这是最为关键的环节，可以说直接决定着调查报告的成败。所以，调查研究务必要具体，务必要深入，有时须反复多次，以尽可能掌握事物各个方向的各种情况。

选择材料阶段。我们通过调查收集到了丰富的材料，不可能全部都写进调查报告，必须根据报告主题需要来选择取舍。其中要注意的问题不少，但有两点必须把握。一是要善于使用能说明主题的典型材料。二是要善于使用能说明主题的统计数字。由于典型材料具有代表性、客观性和说服力，能反映事物的本质、特点和发展趋势，所以用好统计数字能达到"以一当十"的效果，增强报告的概括力和表现力，起到突出和深化主题的重要效果。

安排结构和起草写作阶段。调查报告的正文一般结构分为前言、主体和结尾三部分：

前言主要是概括地介绍调查对象、全文的重点或点明主题，为了解把握全文打下基础。因此，前言的文字要求精练、简短、概括。常见的写法有五种：

一是概述式。用叙述的方法，概括地写出调查的基本情况、问题、目的和主要事宜及其重要意义。

二是结论式。先就调查的情况、问题和事宜作出结论，然后在下文分别加以叙述和分析。

三是说明式。先说明所述对象的基本情况，或简要的背景情况，再叙述主题和其他有关材料。

四是提问式。即先在开头提出问题，然后在下文再逐步分析情况，说明观点，得出结论。

五是问答式。用提出问题、回答问题的方式，概括介绍调查结果和基本经验。

主体是调查报告的主要部分，也即基本内容，调查得来的主要情况、经验或反映的问题，都需要写在这一部分。其常见的结构有以下三种：

一是横式结构。即把调查得来的情况、经验和问题，经过分析，得出结论，按其内在逻辑关系，分成几个并列的部分，紧紧围绕全文的中心分别加以叙述和说明，或冠以小标题，或加以序码，也可用鲜明的观点来作区分。

二是纵式结构。根据事物发展过程的先后顺序或按调查的前后程序安排结构层次，它可以列出几个小标题或以序码表示，每一个小标题或序码，都表明事物发展的某一个阶段。此外，也可不用小标题或序码，按时间顺序一气呵成。

三是综合式结构。也叫纵横式结构，即纵横兼而有之，互相穿插组织安排内容。在经验性调查报告中，往往采用这种结构，常常先按时间顺序介绍经验产生的前因后果，然后再将经验并列为几个部分，分别加以说明。

结尾是调查报告的结束语。常见的写法有总结式、呼应式、展望式、说明式、感叹式等等。当然，也可以不要结束语，以正文部分的末段自然结束，意尽言止。

四、调查报告的写作要求

调查报告的写作要注意以下几点：

调查必须客观。调查报告的内容是从调查中获得的。调查自然会涉及调查者的态度。为了准确地反映问题，调查时应尊重客观事实，不能事先划框子、定调子，然后再去挖例子。无论做什么样的调查，都必须站在客观的立场上，深入了解事物的全部情况，然后通过科学的分析，再作出正确的结论和评价，防止主观片面性。

材料必须真实。调查报告必须以事实说服人。调查的人、事、物，前因、后果、过程、情节以及时间、地点、各种数据等等，都应反复核实，力求做到准确可靠。对材料的选择使用，既不能为遮丑而有意缩小，也不能为宣传而任意夸大。必须一是一，二是二，不可有水分，不能捕风捉影，更不能虚构捏造。真实性是确保调查报告具有价值的基本要求。

语言简练朴实。调查报告是对具体事物和问题的描述、记叙和分析，它的任务是说明情况、研究矛盾、解决问题，为指导工作、作出决策提供依据。因此，文风朴实清新，语言准确简练，是调查报告文辞的必然要求。

例文：

小煤矿安全事故成因调查

虽然国家和各级地方政府三令五申地强调小煤矿的安全问题，但目前，小煤矿的安全问题仍是社会关注的热点问题。近年来，小煤矿发生事故已是屡见不鲜，尤其是瓦斯爆炸是煤矿安全的最大威胁。有资料显示，新中国成立以来煤矿发生的 19 起一次死亡百人以上的事故，其中 18 起为瓦斯爆炸，占 95％。现就安全事故的成因及防范做一浅显分析。

频繁发生安全事故原因来源于多方面，就大的方面来讲，既有煤矿内部管理、技术、人才等方面的原因，又有企业生存外部环境影响的原因。一是经济利益驱动是频繁发生安全事故的内在因素。一些小煤矿受利益的诱惑，不顾国家利益和个人安危，片面追求自身利益，导致置矿工生命安全于不顾，他们只顾眼前利益，不管长远。相反，矿工们也是只看高工资，把自己的人身安全抛于脑后，拿自己的生命来换取高额报酬。如造成 83 名矿工遇难的新疆阜新矿难，此矿也是超能力生产，矿主明知存有严重的安全隐患，却依然要求工人下井生产。这明显地表现出了"矿主只要钱，不管矿工生命，让矿工提着脑袋下井的灭失人性的做法"。二是小煤矿企业存在着严重短期效应行为是造成安全事故的人为因素。小煤矿只顾生产，不重视生产设备的更新、维护、保养和维修，人为地造成设备老化，超负荷运行，从而为事故发生埋下了安全隐患。如，广东大兴煤矿"8·7"特大透水事故，是一起典型的违法、违规、违章的"三违煤矿"，造成的事故也是典型的"三违事故"。三是人才匮乏、技术落后是造成事故的根本原因。煤矿企业人才短缺是当前一段时期制约其发展的瓶颈。受多年形成的就业观念的影响，人们不愿意到煤矿就业，尤其是小煤矿，造成人才少，技术人员素质不高，没有高技术人才，在人才引进上也是举步维艰。没有人才，技术就难以改进，难以运用先进的技术，难以及时尽早地发现安全隐患。四是侥幸心理是发生事故的最大隐患。部分矿主认为"发生事故是个别的，不会发生在自己的头上"，有这种思想在作怪，不相信科学，不相信事实，有极大的冒险行为，为酿成事故埋下祸根。

外部因素也是小煤矿发生安全事故不可忽视的重要原因，外部环境为那些不具备开采条件或安全设施不达标的小煤矿提供了生存的土壤。其一是地方保护主义。地方保护是市场的毒瘤。煤矿企业往往是地方的纳税大户。因此，当地煤矿行业管理部门有时搞上有政策，下有对策，随意变通，为煤矿企业开绿灯，充当了煤矿行业的保护伞。行政执法部门的检查，有时只流于形式，发现问题及隐患不及时报告，不及时处理；有时即使是处理，也没有很好地跟踪问效，没有很好地督促落实，甚至是出于人情原因，致使大问题化小，小问题化了。其二是地区经济利益驱动。由于市场主体利益的多元化，一方面调动了矿主的积极性，另一方面也滋生了一些置国家利益于不顾，片面追求地区、单位利益的不良现象，导致不符合开工条件和不具备开采条件的单位非法生产。而有些部门和相关人员视而不见，任其生产。

针对其原因，建议采取以下几点防范措施。各行政主管部门要切实加强对小煤矿的管理和监督，真正把好安全的关口，把事故降到最低点。第一，疏堵结合，重点在疏。行政管理部门对本地区内的小煤矿要详细调查，对不具备开工条件、安全设施不达标的坚决不准其开业，对有一定的安全设施的小煤矿可实行整合，走集团化经营的路子，使小煤矿依靠大煤矿的技术设施来提升自己的安全系数。这样既兼顾了个人、地区和单位的利益，同时也容纳了一部分剩余劳动力。事故发生后，关停是必要的，但这不是目的，只是一种手段，不能从根本上解决问题，关键是通过疏导，帮助其达到安全生产的标准才是最终目的。第二，进一步加强执法监督的力度。执法部门要切实负起责任来，定期不定期地进行检查，发现问题及时解决。要以对国家、对人民高度负责的态度认真履行好职责，加强监督检查，执法人要与小煤矿的安全连为一体，必要时，发生事故后要检查执法人的工作尽职尽责情况。第三，煤矿内部实行责任制。安全问题责任到人，逐级签订责任状，做到人人讲安全，事事抓安全；天天防事故，处处防事故。要实行责任追究制度，尤其是对矿主不能仅限于经济处罚，必要时可实行刑事追究。第四，加强技术人员队伍建设，全面提高矿工整体素质。通过人才引进，改进技术水平，尤其是要提高安全技术水平；定期对矿工进行自救互救培训，提高在危难环境下的生存能力。进行大型"矿难演习"训练，使员工熟悉方案的步骤和自救互救的方法，从而提高员工的思想认识和技术水平；定期轮岗，使员工熟悉各种工作环境，为自救互救和紧急情况下的生存打下良好的基础。

（本文作者：任祥明）

第*26*讲 工作研究写作

　　工作研究是以某项工作为研究对象，以事实为依据，对工作方向、规律、方法、措施进行研究探讨成果的文字表述。工作研究常是针对实际工作中重要的、带有普遍意义的新问题，提出解决问题的科学建议。目的是引起有关部门的重视，使意见得以采纳，问题得以解决。

　　根据不同的标准和角度，工作研究可分为不同的类型。按所研究的问题的范围分，有专题工作研究、综合工作研究等。

　　工作研究一般由标题、署名、引言、正文、结语五部分构成。

　　标题一般常见的形式是《关于××问题的建议》《解决××问题的基本对策》《对于××问题的意见》《应重视××问题》。无论采用什么样式的标题，都应达到醒目、具体、简洁的基本要求。同时要注意集中、鲜明、生动。

　　署名分为集体署名（如某调研组、某工作组、某单位等）和个人署名。个人署名一般应用真实姓名，但也可用笔名。

　　引言一般交代工作研究的目的、调研经过、问题背景等情况。

　　正文是工作研究的主体。这部分一般按提出问题——分析问题——解决问题的措施三段式安排结构。提出问题要以真实情况为依据，数据要准确，事例要典型，事实要具体，尽量少用抽象的、描写性的形容语句。分析问题要注意分析和研究主要的、本质的原因，寻找事物的发展规律。要注意观点与材料的统一，注意运用归纳或演绎等逻辑方法，推断出合乎事理的带规律性的结论，以增强文章的说服力。解决问题的措施，是在分析研究基础上提出的，无论是办法、方案、意见、措施，都应有科学根据，要切实可行。如有多项措施，应分条分项写出。

结语通常采用总括全文或自然结尾两种方式，要求不拖泥带水，简洁明了。

工作研究写作要做到以下几点：

一是深入调查研究，占有翔实材料。必须做深入细致的调查研究，努力掌握第一手资料，这是写好工作研究的前提。只有通过认真调查研究，才能得到具有典型性、代表性的材料，才能分析出问题的症结，才能提出解决问题的有效措施。

二是正视现实问题，勇于大胆创新。要有对国家对人民高度负责的精神，敢于为群众讲话，不回避矛盾和问题。研究问题做到"不唯书，不唯上，只唯实"，只要能反映客观规律，符合客观实际，于国于民有利，就要大胆直抒己见，敢于标新立异。

三是进行透彻说理，提出具体措施。既要摆事实，又要讲道理，要揭示事实之间的内在联系，说理必须充分。既要注重告诉人们存在什么问题，其原因和根源是什么，更要注重提出解决这些问题的具体措施。

四是把握文体特点，注重表达得体。工作研究应以议理为主要表达方式，研究问题，揭示规律，提供参考意见，语言表达应使用探讨口气，切不可使用命令、指责口气。工作研究文章的作者，无论职务高低，都应以普通一员的身份，以商量的口吻亮观点、摆理由。表达观点或介绍方法，提出措施时要留有余地，多用"应该"，少用"必须"；多用"可能"，少用"必然"，从而使人在参考、借鉴时有选择的余地。

例文：

构建老干部病区
和谐医患关系的探讨与思考

徐若华

老干部病区服务对象是一个特殊的人群。其显著特点是：年龄大，大部分90岁以上；级别高，基本是地市级别以上离退休干部；功臣多，大部分参过战、立过功；病情复杂，绝大多数是多种疾病共存患者；期望值高，病人特别是家属对其有很高的康复长寿期望值。面对这一情况，构建和谐医患关系尤为重要，不仅是对医院工作的基本要求，也是医务工作者应尽的神圣职责。

一、增强责任意识，是构建和谐医患关系的基本前提

我们在实践中深深体会到，构建和谐医患关系是项系统工程，需要从多方面努力，其首要的是要增强责任意识。只有医护人员有强烈的事业心和责任感，才能减少误诊、漏诊等情况的发生，才能防止各种医疗事故，才能提高患者对医疗的满意度，从而为和谐医患关系的构建创造条件。一是要履职尽责。要像白求恩那样对工作极端的负责任，心里始终装着病人，想病人之所想，急病人之所急，处处为病人着想，为解除患者疾苦、提高患者生活质量做不懈努力。二是要甘于奉献。作为一名医护工作者要勤奋工作，淡泊名利，扎扎实实完成好每一项医疗任务。只有这样，才能在医患之间形成相互尊重、相互理解、相互信任、相互配合的良好关系。

二、提高医疗水平，是构建和谐医患关系的根本保证

构建和谐医患关系，不仅要求医护人员要有强烈的事业心和责任感，要具备良好的医德医风，而且要具备高超的医疗水平。如果医疗技能低下，即使有为病人解除痛苦的愿望，往往也实现不了良好的救治效果。构建和谐医患关系必须以精湛的医疗技能作保障。提高医疗水平既是医务工作者高素质的必然要求，也是构建和谐医患关系的保证。提高全体医务工作者的医疗水平可以通过各种方法和形式，作为老干部病区，我们认为可从以下几方面入手。一是加强学习。既要重视离职学习，也要注重在职学习。要将从院校学到的系统医学理论与从工作实践中获得的知识相结合，不断结合临床实践学习新知识，掌握新技能，不断提高医疗水平。二是案例分析。选择典型病例，进行跟踪分析，实时进行集体会诊，集中大家的智慧，进行集体攻关，从中吸取经验教训，提高对医疗疑难问题的解决能力。三是经常讲评。坚持每天小讲评、每周一大评、每月一总评的方法，对病区所有医生的工作情况、所有患者的医疗情况进行全时段、全方位讲评。通过讲评点出问题，找出不足，提出要求，明确方向，改进工作。四是典型引路。要不断发现、培养、宣扬医风正、业务精的先进典型，使大家学有榜样，做有标准，赶有目标，从而达到一点带面，提高整体医疗技能的目的。五是经验交流。不断总结工作经验，实时召开经验交流会，把个人的经验变为大家的财富。六是学术研讨。根据工作进展，结合临床实际，定期

开展学术研讨活动，并鼓励大家积极参加医院内外及军内外的学术研讨活动，开阔大家视野。通过学术研讨，将感性知识上升为理论，指导医疗行动，破解医疗难题，提高医护人员的医疗理论水平和医疗技能，给患者提供更优质的服务，达到最佳的医疗效果，为和谐医患关系的构建提供强有力的技术保证。

三、重视医患沟通，是构建和谐医患关系的重要途径

医患沟通是构建和谐医患关系必不可少的环节和极其重要的途径，医患矛盾的化解，医疗纠纷的解决，也离不开医患沟通。如何做好沟通工作？

一是要把握沟通的时间节点。（1）住院初期阶段。包括入院的第一时间、初步诊断的时间、所有的检查结束明确诊断的时间。（2）诊疗进展阶段。包括诊疗效果评价的时间、疾病的进展或转归的时间、病情变化的时间、有新的阳性检查发现的时间、病情恶化的时间、疾病进入终末期的时间。（3）诊疗结束阶段。一种情况是康复出院时间和出院后的随访时间。另一种情况是生命即将结束的时间和善后处理时间。这些节点均应做好沟通工作。

二是要明确沟通的内容。主要包括：（1）病人的病史和现状。（2）病人及其家属对治疗的期望。（3）治疗的进展。（4）医疗预期。

三是坚持正确的沟通原则。包括：（1）实事求是原则。要原原本本告知患者的诊断结论，不隐瞒任何病情细节。要客观分析病情变化及其治疗预期，不夸大任何医治效果。要勇于承担应负的责任，不推诿，不造假。（2）尊重患者原则。要尊重患者及其家属对病情的知情权、对医疗方案的选择权、对医疗效果的评判权、对医疗满意度的评价权。（3）良性互动原则。医疗沟通，绝不是医方向患方的单向陈述和告知，而是医患双方情况和感情的交流。作为医务人员除主动、及时、热情、准确通报相关病人应知信息外，还要注重倾听病人的陈述；及时采纳患方合理的建议；及时满足患方的正当要求；妥善处理遇到的相关问题。

通过医患沟通，掌握更准确的医疗信息，制定最佳的医治方案，求得最好的医疗效果。通过医患沟通，构建和谐的医患关系，把医患矛盾化解在萌芽状态，防止医患矛盾的激化和医患纠纷的发生。让老干部病房成为广大老干部满意的温馨之家和可信赖的康复之家。

第 *27* 讲 简报写作

简报是各级领导和机关用来汇报工作、沟通情况、反映问题、交流经验、传递信息的一种事务性文书。简报在为各级领导和机关了解下情、掌握动态、考虑问题、做出决策、传达指令、指导工作中，起着至关重要的作用。简报的内容包罗万象，使用的种类也就名目繁多。按出刊时间划分，有定期简报和不定期简报两种；按涉及范围划分，有综合简报、专题简报等；按使用场合分，有会议简报、工作简报等等。

简报一般由报头、标题、正文和报尾四部分构成。各部分的写作方法如下：

报头，在简报首页上方，约占页面三分之一的位置。即横线以上的部分，统称为报头。由以下项目组成：（1）简报名称。一般用套红大字，印在正中间，款式要庄重、美观、大方。应当指出的是，如果简报名称的字数太多，一行排不下时，可将具体名称缩小字体单独排列，将"简报"二字另占一行，突出出来。（2）期数。用小字标在简报名称下面中间位置。一般可写"第 × 期""第 × 号"或只写序数"××"。有的还用括号把期数括起来。（3）密级。分秘密、机密、绝密等。密级根据简报内容的机密程度确定。不属保密性质的简报也可不标秘密等级。密级位置在简报名称的右上角。（4）编发单位的名称。在期数下另起一行，靠左方顶格，写主办单位的名称。（5）日期。与编发单位同行，靠右侧写印发时间。印发时间一般以首长批准之日为准，如遇特殊情况延误了时间，也可以印发之日为准。（6）版头线。在主办单位和日期的下边划一条粗红线，以示与正文分隔。

标题是文章的"眼睛"。简报的标题要准确、恰当地概括文章的内容，力求确切、简短、醒目，让人一看就知道所要讲的事件及其意义。通常有以下三种形式：（1）直述式。就是把能够概括简报内容的典型语言通过标题直接表述出来。如，《当前基层建设中值得注意的几个问题》。（2）提问式。就是把简报的内容通过提问形式在标题中体现出来。比如，《如何做好春节期间的安保工作》。提问式的标题，比较容易引起读者注意，吸引读者一定要看个究竟。（3）补充式。就是除拟制正标题外，还拟出了副标题，对正标题加以补充说明。譬如，《万水千山送温暖——××市做好基层干部家庭走访工作纪事》等。

简报正文的写作，没有固定的格式，常见的有以下几种：

文件式的写法。反映情况、交流推广经验的简报的主文，实际上就是一份报告或经验总结，只是前面不写主送单位，文尾没有署名，内容和文字更简明一些罢了。其写法和正式文件中的报告、情况通报、经验总结写法一样，开头概述情况，然后再分成几个问题，或几条经验逐项叙述。

转发式的写法。这种写法，是选择对工作有指导和借鉴意义的材料转登在简报上，以供参阅。编写这种简报，要注意两个方面的问题：一是要注意选择材料和修改文字。要选择反映当前中心工作的重要情况，领导关心的问题，对当前工作有推动作用的新鲜经验和新生事物等材料。二是要注意写好按语。转发式的简报，大多数要加按语，表明单位的意向。简报按语，同简报本身一样，并不具备指示或规范的性质，但它进一步表明转发单位的意图，从而更好地发挥简报的功能作用。其内容主要是说明编发的依据、目的、意义，或者对内容加以提示、评议，提出希望、要求；或者提出一些值得探讨和注意的问题，引起读者思考。无论哪方面内容的按语，都要做到观点鲜明，见解精辟，文字简短，表述有力，语言得体。

新闻报道式的写法。这种写法与报纸上的消息或简讯基本相同，通常开头是导语，然后通过事实或情况的介绍，把写的内容叙述清楚，一般不作议论。

分列小标题的写法。这种写法，往往是内容涉及的方面比较多，所要写的或者是几个问题，或者是几种情况，或者是几条经验体会，分别列出小标题。每一个问题、一种情况、一条经验体会中，可以反映一个单位或几个单位的内容。这种写法可以集众家之长，从不同的角度、不同的侧面集中说明一个问题。

报尾，在简报末页尾部适当位置，标出主题词、发放范围和印制份数。主题词的标注与正式公文相同。发放范围通常分：报（指上级首长和单位）、发

（指下属单位）。如果还发往平级或不相隶属的单位，通常标：送：×××××。

例文：

勤以养德　俭以立身

我校大学生"廉政文化进校园"主题活动异彩纷呈

为全面配合我校廉政文化建设和权力运行监控机制建设工作的顺利进行，扎实推动我校党风廉政建设的深入开展，3月中旬开始，校团委号召各院系团总支在全校团员青年中广泛开展了以"廉政文化进校园"为主题的活动，营造出了风清气正、和谐发展的良好校园氛围。

活动期间，各院系团总支围绕廉政文化共制作展牌、宣传栏等16个，绘制黑板报31块，并结合自身专业特色开展了20余场次丰富多彩的活动，在全校团员青年中进行了一次广泛深刻、生动活泼的廉政文化教育。各院系的活动主题突出，形式缤纷多彩，内容丰富。化工学院"敬廉崇洁，从我做起"书法比赛、征文、板报、演讲形式各异；文传学院"廉政进校园"演讲贴近大学生活，充满人文色彩；音乐系"廉政文化进校园"两场宣传演出声情并茂，吸引学生关注；经济管理系"敬廉崇洁，从我做起"征文、演讲、书法绘画展、板报展突出专业特色，营造"人尽其责，诚实守信"良好系风；资源与环境系"社会公正廉洁的维系主要靠道德还是法律"主题辩论赛气氛热烈；历史文化系"廉政故事汇"别开生面；数学与信息科学系"廉政文化进校园"书画展意味隽永，引人深思；美术系廉政文化书画作品现场创作，佳作频出。这些活动有效促进了我校当前以权力运行监控机制建设为中心的廉政文化建设工作，同时，也使广大团员青年牢固树立了诚信求实、廉洁自律的做人理念。

（本例文由王涛提供）

中国共产党 ×××学院
第一次代表大会胜利闭幕

×× 月 ×× 日下午，为期 3 天的中国共产党 ×××学院第一次代表大会圆满完成大会各项议程和任务，胜利闭幕。×××同志主持闭幕式并致闭幕词。大会主席团全体成员在主席台就座。全体代表参加了闭幕式。

下午 3 点 30 分，闭幕式开始。与会代表一致通过了《中国共产党 ×××学院第一次代表大会关于中国共产党 ×××学院委员会工作报告的决议》和《中国共产党 ×××学院第一次代表大会关于中国共产党 ×××学院纪律检查委员会工作报告的决议》。

×××同志在讲话中指出，在上级党组织的关怀指导下，经过全体代表的共同努力，圆满完成了大会的各项议程。大会全面总结了学校升本以来各项事业发展所取得的成绩和经验，客观分析了学校的发展形势和制约发展的瓶颈问题，明确提出了未来五年学校发展指导思想和重点工作。

他指出，这次大会，是一次务实创新、凝聚共识的大会。全体代表以高度负责的精神，认真听取并审议了党委和纪委工作报告，对党委和纪委的工作给予了充分肯定。代表们围绕学校人才培养、科学研究、社会服务、文化引领、党的建设等工作进行了认真热烈的讨论，提出了许多中肯的、富有建设性的意见和建议，形成了凝心聚力谋发展、群策群力促跨越的思想共识。这次大会，是一次发扬民主、团结奋进的大会。全体代表认真履行代表职责，正确行使民主权利，在广泛酝酿讨论和充分发扬民主的基础上，选举产生的第一届党委委员会和纪律检查委员会，为学校今后的改革发展必将提供有力的政治和组织保证。这次大会，是一次统一思想、凝心聚力的大会。大会提出的建设有鲜明特色的地方性应用型大学的目标，符合学校发展实际，符合全校师生员工的共同心愿。今后五年发展指导思想，体现了科学发展观的要求，抓住了学校发展的核心和关键，明确了今后五年工作的总体目标和发展思路。

他强调，今后一个时期，是我校实现建设有鲜明特色的地方性应用型大学目标的关键时期。既面临前所未有的机遇，同时也面临着严峻的挑战。新一届两委班子要不断加强自身建设，切实提高领导学校科学发展的能力，要始终围绕学校的中心任务，勤奋工作、联系群众、廉洁自律，切实成为实现学校发展目标的坚强领导核心。全体代表要把贯彻落实党代会精神作为一项重要政治任务，把党代会精神传达到每一位师生员工，带头在本职工作中宣传贯彻落实党代会的部署和要求，把大家的思想和行动统一到校党委的发展思路上来。全校党员要深刻学习领会党代会精神，按照大会对今后五年发展的工作部署，充分发挥干事创业的积极性、主动性和创造性，带动全校师生在校党委领导下，坚定发展信心，形成发展合力。

他表示，此次大会的召开，得到了省委教育工委、市委组织部的亲切关怀和有力指导。全校共产党员和师生员工给予了高度关注和热切期盼；各位代表以高度的政治责任感和使命感，认真履行代表职责；大会的全体工作人员和有关部门的同志们努力工作、无私奉献，为大会的顺利进行付出了辛勤的劳动。他代表大会主席团向所有关心、支持大会，为大会的顺利进行做出贡献的同志们表示衷心的感谢！同时，也代表新当选的党委委员和纪委委员对各位代表的信任和支持表示诚挚的谢意！

×××同志最后号召，让我们以学校第一次党代会的召开为新的起点和契机，在新一届党委的领导下，紧密团结全体共产党员，紧紧依靠全校教职员工，抓住机遇，扎实工作，凝心聚力，求真务实，努力开创学校发展的新局面，为建成有鲜明特色的地方性应用型大学而奋斗！

大会在庄严的《国际歌》声中胜利闭幕。

（本例文由王涛提供）

第28讲　简要事迹材料写作

简要事迹材料是扼要地介绍先进人物或先进单位的主要事迹或经验的一种应用文。它一般用于上报上级机关，作为研究决定立功奖励人员或单位的依据；有时也在一定范围内下发，用于宣扬典型，供大家学习。另外，简要事迹材料还具有备案查考、附件说明等功能。

简要事迹材料由标题、导语、正文和结尾构成。

简要事迹材料的标题由单位名称或个人姓名加同志加文种组成。如：《×××公司的简要事迹》《××× 同志的简要事迹》。

导语扼要介绍单位或个人的基本情况。如对国家建设做过什么突出贡献，有什么突出成绩，获得过什么奖励和荣誉，等等。

正文分别用具体的材料来说明简要事迹的中心思想。如果内容比较复杂则可以分成几个层次或几个段落来写。如果内容比较简单则可采取一段式，一气呵成即可。通常情况下采用纵横交错的结构形式，运用典型事例由小到大，由易到难的排列方法，进行叙述，以增强宣传效果，让读者对其事迹有一个比较完整透彻的了解。

简要事迹材料通常情况下是采取自然结尾方法，即文章写完也就结束了。一般情况下不再另起一个自然段。

简要事迹材料的写作应注意以下几点：

一是全面了解，挖掘本质。写简要事迹材料，必须深入细致地调查写作对象的全面详细情况，并在此基础上分清主次，把最能体现本质的事迹挖掘出来。

二是综合介绍，全面反映。简要事迹材料应着力集中最能反映本质的一个侧面进行写作，但在表述主体内容之前，也应将写作对象的基本情况进行综合反映，还要做必要的概括说明，通常在导语部分进行体现，以便使读者对其有一个比较全面的了解。

三是高度概括，文字简练。我们说简要事迹材料必须对写作对象进行全面反映，但由于受文体要求所限，又必须对事迹进行高度概括，文字必须简练，篇幅必须精短，通常情况下 1000 字左右为宜。

例文：

"共和国勋章"获得者的简要事迹

中国"氢弹之父"——于敏

于敏（1926 年 8 月 16 日—2019 年 1 月 16 日），出生于河北省宁河县（今天津市宁河区）芦台镇，核物理学家，国家最高科技奖获得者。

1949 年毕业于北京大学物理系。1980 年当选为中国科学院学部委员（院士）。原中国工程物理研究院副院长、研究员、高级科学顾问。

在中国氢弹原理突破中解决了一系列基础问题，提出了从原理到构形基本完整的设想，起了关键作用。此后长期领导核武器理论研究、设计，解决了大量理论问题。对中国核武器进一步发展到国际先进水平作出了重要贡献。从 20 世纪 70 年代起，在倡导、推动若干高科技项目研究中，发挥了重要作用。1982 年获国家自然科学奖一等奖。1985 年、1987 年和 1989 年三次获国家科技进步奖特等奖。1994 年获求是基金杰出科学家奖。1999 年被国家授予"两弹一星"功勋奖章。1985 年荣获"五一劳动奖章"。1987 年获"全国劳动模范"称号。2015 年获 2014 年度国家最高科技奖。2018 年 12 月 18 日，党中央、国务院授予于敏同志改革先锋称号，颁授改革先锋奖章，并获评"国防科技事业改革发展的重要推动者"。2019 年 1 月 16 日，于敏在北京逝世，享年 93 岁。同年 9 月 17 日，国家主席习近平签署主席令，授予于敏"共和国勋章"。

全国劳动模范——申纪兰

申纪兰（1929 年 12 月 29 日—2020 年 6 月 28 日），女，汉族，出生于山西省平顺县，中共党员，全国劳动模范、全国优秀共产党员、第一至第十三届全国人大代表、"改革先锋"称号获得者、"共和国勋章"获得者、山西省平顺县西沟村党总支副书记。

申纪兰1946年10月参加工作，1953年8月入党。历任金星农林牧生产合作社副主任、中共平顺县委副书记、山西省妇联主任、长治市人大常委会副主任、全国妇联第二至四届执委。

2018年12月18日，党中央、国务院授予申纪兰同志改革先锋称号，颁授改革先锋奖章。2019年9月17日，国家主席习近平签署主席令，授予申纪兰"共和国勋章"。9月25日，被评选为"最美奋斗者"。

申纪兰同志，因病医治无效，于2020年6月28日凌晨1时31分在长治逝世，享年91岁。

航天科技事业创新发展的推动者——孙家栋

孙家栋，男，汉族，中共党员，1929年4月8日出生，辽宁复县人。中国航天科技集团有限公司高级技术顾问，风云二号卫星工程总设计师，北斗二号卫星工程和中国第二代卫星导航系统重大专项高级顾问，原航空航天工业部副部长，中科院院士。他是我国人造卫星技术和深空探测技术的开拓者之一，从事航天工作60年来，主持研制了45颗卫星。担任我国北斗导航系统第一代和第二代工程总设计师，实现了北斗卫星导航系统的组网和应用。作为我国月球探测工程的主要倡导者之一，担任月球探测一期工程的总设计师，树立了我国航天史上新的里程碑。

1967年，担任中国第一颗人造地球卫星技术负责人。1989年，孙家栋担任中国火箭进入国际市场谈判代表团团长。1996年，当选国际欧亚科学院院士。1999年，被授予两弹一星功勋奖章。2010年1月11日，在国家科学技术奖励大会上，获得2009年度国家最高科学技术奖。

2018年12月18日，党中央、国务院授予孙家栋同志改革先锋称号，颁授改革先锋奖章，并获评航天科技事业创新发展的重要推动者。2019年9月17日，国家主席习近平签署主席令，授予孙家栋"共和国勋章"。2019年12月18日，孙家栋入选"中国海归70年70人"榜单。

时代楷模——张富清

张富清，男，汉族，1924 年 12 月出生于陕西省汉中市洋县，1948 年 3 月参加中国人民解放军，1948 年 8 月加入中国共产党，1955 年 1 月转业到湖北省恩施土家族苗族自治州来凤县，先后在城关粮油所、县粮食局、县纺织公司、三胡区、卯洞公社、县外贸局、县建设银行工作，1984 年 12 月离休。张富清同志在解放大西北系列战斗中英勇善战、舍生忘死，荣立西北野战军特等功一次、军一等功一次、师一等功一次、师二等功一次和团一等功一次，并被授予军"战斗英雄"称号、师"战斗英雄"称号和"人民功臣"奖章。

2018 年 12 月 3 日，在湖北省恩施州来凤县人社局退役军人信息采集点，张富清在工作人员聂海波的见证下打开了一个红色包裹，里面有报功书和军功章，由此揭开了张富清不为人知的红色过往。

2019 年 5 月，入选中国好人榜。6 月，中宣部授予张富清"时代楷模"称号，中共中央授予张富清同志"全国优秀共产党员"称号；7 月，被表彰为全国模范退役军人；8 月，公示为"共和国勋章"建议人选；9 月，获得第七届全国道德模范"全国敬业奉献模范"奖。9 月，全国妇联授予张富清家庭全国五好家庭荣誉。根据十三届全国人大常委会第十三次会议 17 日下午表决通过的全国人大常委会关于授予国家勋章和国家荣誉称号的决定张富清获得"共和国勋章"。2019 年 9 月 25 日，被授予"最美奋斗者"荣誉称号。2020 年 5 月 17 日，被评为"感动中国 2019 年度人物"。

"杂交水稻之父"——袁隆平

袁隆平，男，汉族，无党派人士，江西省九江市德安县人。1930 年 9 月 7 日生于北京，中国杂交水稻育种专家，中国研究与发展杂交水稻的开创者，被誉为"世界杂交水稻之父"。国家杂交水稻工程技术研究中心、湖南杂交水稻研究中心原主任，湖南省政协原副主席，中国工程院院士，美国国家科学院院士，中国发明协会会士，第六届、七届、八届、九届、十届、十一届、十二届全国政协常委。

1953 年毕业于西南农学院（现西南大学），1995 年被选为中国工程院院士，1999 年中国科学院北京天文台施密特 CCD 小行星项目组发现的一颗小行星被命名为袁隆平星，2000 年度获得国家最高科学技术奖，2004 年获得沃尔夫农业奖，2006年4月当选美国国家科学院外籍院士，2010年获得澳门科技大学荣誉博士学位，2018年当选中国发明协会首届会士。

袁隆平是杂交水稻研究领域的开创者和带头人，致力于杂交水稻技术的研究、应用与推广，发明"三系法"籼型杂交水稻，成功研究出"两系法"杂交水稻，创建了超级杂交稻技术体系。提出并实施"种三产四丰产工程"，运用超级杂交稻的技术成果，出版中、英文专著6部，发表论文60余篇。

2018年9月8日，获得"未来科学大奖"生命科学奖；2018年12月18日，党中央、国务院授予袁隆平改革先锋称号，颁授改革先锋奖章，获评杂交水稻研究的开创者。2019年9月17日，国家主席习近平签署主席令，授予袁隆平"共和国勋章"。

公共卫生事件应急体系建设的推动者——钟南山

钟南山，男，汉族，中共党员，1936年10月生，福建厦门人，广州医科大学附属第一医院国家呼吸系统疾病临床医学研究中心主任，中国工程院院士，第十一、十二届全国人大代表，第八、九、十届全国政协委员。他长期致力于重大呼吸道传染病及慢性呼吸系统疾病的研究、预防与治疗，成果丰硕，实绩突出。

2003年抗击非典中，他不顾生命危险救治危重病人，奔赴疫区指导医疗救治工作，倡导与国际卫生组织合作，主持制定我国非典等急性传染病诊治指南，为战胜非典疫情作出重要贡献。他主动承担突发公共卫生事业代言人角色，向公众普及卫生知识，积极建言献策推动公共卫生应急体系建设，为夺取应对甲型流感、H7N9禽流感等突发公共卫生事件的胜利发挥了重要作用。荣获"全国先进工作者""全国道德模范""改革先锋"等称号和国家科学技术进步奖一等奖。

2019年新冠肺炎疫情发生后，他敢医敢言，提出存在"人传人"现象，强调严格防控，领导撰写新冠肺炎诊疗方案，在疫情防控、重症救治、科研攻关等方面作出杰出贡献。2020年8月11日，国家主席习近平签署主席令，授予钟南山"共和国勋章"，以表彰他在抗击新冠肺炎疫情斗争中作出的重要贡献。

（以上简要事迹材料选自"新华网"等新闻媒体）

第 *29* 讲　简介写作

简介与简要事迹材料的写作方法和写作要求有许多相似之处，都要求精短扼要，实事求是。所不同的是简要事迹材料只用于典型单位和典型人物的简要介绍；而简介所涉及的范围更广，不仅包括先进典型单位和人物，非先进典型也可使用简介这一文种；不仅包括团体、人物，还包括项目、产品，等等。简要事迹材料常用于上报上级机关，作为研究决定奖励和表彰及宣扬的依据；而简介不具备这一用途，主要目的是进行宣传，以扩大影响。

简介由标题和正文构成。

标题由名称和文种组成。如《解放军总医院内分泌科简介》《作者简介》等。

正文内容依据不同的介绍对象而定。团体简介一般包括成立和发展简史、现领导班子、编制和人员构成、单位专长和优势、在同行业中的地位、已有主要成就及发展方向等。个人情况简介包括姓名、性别、籍贯、文化程度、政治面貌、简历、主要特长和成果、发展潜力和个人发展意向等。产品简介主要包括品名、品种、用途、功效、特点、优点、知名度、产地、厂家等。

简介写作应注意以下几点：

一是抓住重点。写简要事迹材料，必须深入细致地调查写作对象的全面详细情况，并在此基础上分清主次，把最能体现本质的事迹挖掘出来。

二是突出特点。简要事迹材料应着力集中最能反映本质的一个侧面进行写作，但在表述主体内容之前，也应将写作对象的基本情况进行综合反映，还要作必要的概括说明，通常在导语部分进行体现，以便使读者对其有一个比较全面的了解。

三是写好亮点。

我们说简要事迹材料必须对写作对象进行全面反映，但由于受文体要求所限，又必须对事迹进行高度概括，文字必须简练，篇幅必须精短，通常情况下1000 字左右为宜。

导语扼要介绍单位或个人的基本情况。如对国家建设做过什么突出贡献，有什么突出成绩，获得过什么奖励和荣誉，等等。

正文分别用具体的材料来说明简要事迹的中心思想。如果内容比较复杂则可以分成几个层次或几个段落来写。如果内容比较简单则可采取一段式，一气呵成即可。通常情况下采用纵横交错的结构形式，运用典型事例由小到大，由易到难的排列方法，进行叙述，以增强宣传效果，让读者对其事迹有一个比较完整透彻的了解。

简要事迹材料通常情况下是采取自然结尾方法，即文章写完也就结束了。一般情况下不再另起一个自然段。

简要事迹材料的写作应注意以下几点：

一是全面了解，挖掘本质。写简要事迹材料，必须深入细致地调查写作对象的全面详细情况，并在此基础上分清主次，把最能体现本质的事迹挖掘出来。

二是综合介绍，全面反映。简要事迹材料应着力集中最能反映本质的一个侧面进行写作，但在表述主体内容之前，也应将写作对象的基本情况进行综合反映，还要作必要的概括说明，通常在导语部分进行体现，以便使读者对其有一个比较全面的了解。

三是高度概括，文字简练。我们说简要事迹材料必须对写作对象进行全面反映，但由于受文体要求所限，又必须对事迹进行高度概括，文字必须简练，篇幅必须精短，通常情况下 1000 字左右为宜。

例文：

解放军总医院内分泌科简介

中国人民解放军总医院内分泌科成立于 1984 年，现共有 2 个专科病房（72

张床位）、内分泌科实验室、内分泌专科门诊和糖尿病教育中心。1990 年获得硕士、博士学位授予点，1992 年被批准为全军内分泌专科中心，1996 年成为博士后流动站，1997 年先后被批准为全军内分泌代谢病重点实验室、国家新药临床研究中心。2006 年成立了解放军总医院内分泌代谢疾病诊治中心，2008 年成为北京重点学科。2015 年成为全军唯一的国家重点内分泌临床专科，现有博士生导师 3 名，硕士生导师 5 名。是目前国内最大的集医疗、教学、科研、保健于一体的内分泌中心之一。

科室共有高级专业技术职称人员 16 名，中级专业技术职称人员 5 名。学术带头人潘长玉、李江源、陆菊明和母义明教授为国内著名内分泌学专家。母义明教授目前担任中华医学会内分泌学分会主任委员，陆菊明教授担任中华医学会糖尿病学分会副主任委员，窦京涛教授担任中华医学会糖尿病学分会常委；吕朝晖教授担任中华医学会内分泌学分会委员和秘书长，杨国庆副教授担任中华医学会糖尿病学分会青年委员会副主任委员，谷伟军副教授担任中国医师协会内分泌代谢科医师分会青年委员会副主任委员。本科是全军内分泌专业委员会主任委员单位。

科室目前承担国家科技重大专项 1 项，国家 863 课题 1 项，国家 973 课题子课题 2 项，国家、总后勤部和北京市重大研究项目 12 项，研究经费近 3000 万元。年门诊人数达 12 万人，病房年收治患者近 3000 人次，在各种内分泌代谢疾病的诊治方面居国内领先地位，在复旦大学医院管理研究所医院专科排名中连续 5 年位列前三。实验室可检测 34 项内分泌激素和相关指标，是国内检测项目最多的单位之一。

连续 5 年被国家卫生部临床检验中心论证为质检各格单位，其中糖化血红蛋白测定连续 5 年通过美国 NGSP 论证。共培养博士后 7 名、博士生和硕士生近 200 名，每年有来自全国各地的进修学习医师和护士近百人。本科在国内以内分泌代谢性疾病中少见病和疑难病的诊治见长，享有很高声誉。到目前为止，在国内首次诊断的新病种有 9 个。

（本例文由杜锦提供）

第30讲 述职报告写作

述职报告是向上级机关、评审组织或部属报告自己履行职责情况的一种应用文。是上级领导考察部属、评委会考察参评对象以及群众评议干部的一种依据，在任职考评和职称评定中，述职报告具有重要地位和作用。

述职报告一般由标题、正文、落款构成。

述职报告的标题通常有两种写法：一是"述职报告"。二是"我的述职报告"；字体要比正文稍大，在第一行居中位置书写。

述职报告的正文分为导语、主体和结语三部分。

导语部分主要交代自己的职务、职责，概述任职期间做的主要工作和突出成绩。

主体部分通常分德、才、勤、绩几个方面，或政治思想表现、技术水平、行政管理（其他工作）能力等几部分，阐述自己是如何履行职责的，认真总结履行职责过程中经验和教训，回答称不称职的问题。有时还针对履行职责中存在的问题，谈谈自己今后的改正打算和努力方向。

结语一般是写"以上是我的述职报告，不妥之处，请领导和同志们批评指正。"

落款在正文的右下方，写述职者的单位、职务和姓名，并另起一行写日期。

述职报告写作要注意以下几点：

一是要讲真话和实话。要实事求是地反映自己的工作情况，切忌"假、大、空"，把自己没有做，或是做得还不够好，说成是做得很不错；或者是自己是一般的称职说成是非常称职，或者空洞地谈认识，发议论。

二是要重实绩和能力。述职报告重点是表述自己履行职责能力的强弱和工作实绩的大小。在撰写述职报告时，要重点把自己的能力表现和工作成绩写出来，尽量少写一些可有可无的思想活动过程，重点告诉人们做了些什么，怎么去做的，做的结果怎样。

三是要有重点和特点。述职报告是任现职期间或本年度任职时间内履行职责的主要情况报告，写作时不能面面俱到，要有重点地选择自己所做的主要工作、突出成绩来写，特别是要注意写出自己的特点，总结出独特的经验。如果不分主次，面面俱到或泛泛而谈，即使述职报告写得很长，也不会给人留下深刻印象，更何况述职报告通常有一定的时间限制，没有重点和特点，就收不到述职的良好效果。

例文：

我的述职报告

同志们：

一年来，在上级党委的正确领导和帮助下，在营党委班子成员的支持、配合下，较好地完成了各级所赋予的任务。现将一年来履职尽责情况述职如下：

一、强班子带队伍，不断提高筹划部队建设的能力

一年来，我始终坚持把建强党委支部班子、带好队伍作为提高营连全面进步的重点，狠抓能力素质提升。一是靠学习创新理论来进一步提高班子、队伍建设能力。坚持把学习作为工作的重点，突出抓了科学发展观和当代革命军人核心价值为重点内容的学习。在抓好自身学习同时，采取集中辅导和自学相结合的方法，经验体会交流、学习成果展评等形式，积极指导所属官兵加强理论学习。深化学习效果。开展了"基层连队如何实现核心价值观"等主题讨论，增强理论的理解与消化。指导连队积极搭建学习平台，让干部、士官、战士上讲台，配合主题教育的学习，结合新兵下连、官兵休假归队、老兵复员等教育时机，谈家乡变化、讲个人体会收获、提发展小建议等，使班子、队伍能充分利用创新理论建连育人。二是靠严格管理来进一步规范班子、队伍。年初以来，我注重从完善和落实各项规章制度入手，积极与各连队党支部分析制约连队建设、有碍于连队科学发展的短板和瓶颈，制定措施，逐项整改。坚持党管干部，用制度规范班子，利用各种形式讲评班子，靠群众监督促动班子，制定了《干部、士官考勤登记簿》《干部、士官离队责任书》等来进一步规范班子、队伍，为加强建设提供有利依据。三是靠扎实的工作作风来进一步凝聚班子队伍。一年来，带领营干始终坚持"心往连队想，人往连队跑，力往连队用"，做到了长蹲点、多传授、勤帮带。一年来，累计下点××余天。主动引导各个支部加强团结协作、主动支持配合意识明显增强，互相帮助支持的意识成为自觉行动。三连支部将连队自产蔬菜、水果，经常为兄弟连队供应；三、四连支部看到兄弟连队工作任务重，积极号召党、团员成立突击队，帮助二连完成营建后续工作任务，一连、二连支部积极为其他连队提供好的学习经验做法和教育资源共享，达到共同进步的目的。

二、突出建设重点，营队全面建设稳步发展

一年来，强化营党委连支部站在讲政治、讲稳定的高度，注重把牢方向和目标。紧盯"两无三优"目标，营队建设进步明显。一是中心工作成效显著。与其他营干齐心协力，突出边防工作的研究和管控，先后4次召开联席会议，积极进行政策宣传、发挥合理治边功效。（事例略）二是重点工作有新进展。年初以来，营队大项工作多，任务重，但营注重工作统筹，分工负责，较好完成了各项任务。（事例略）三是教育文化效果明显。加强指导、积极组织，以岗位练兵为平台，教育活动有效落实。我注重以身作则，带头组织指导员加强教学研究，集体备课，提前试讲试教。各连组织的主题演讲、先进个人评比、优秀老兵事迹报告会等活动，使所属官兵"比学赶帮超"氛围更加浓厚。先后有7名官兵被团评为第二届"学习成才"标兵或先进。（事例略）

三、注重自我要求，树立良好干部形象

一年来我注重自我要求，强化模范作用的发挥，严格要求自己做得更好，给部属做个好样子。虽然在营队工作时间相对较长，但始终虚心向其他党委成员学习，认真倾听连队干部的意见建议。经常深入一线连队哨所，了解情况、掌握官兵思想，主动帮助官兵答疑解惑。积极协调各级有效解决重点人员的思想问题。在本职岗位上，我深知，组织领导的信任和肩负的重大责任，时刻提醒自己要知恩图报。在遵章守纪上，我始终能够认真执行党纪条规和各项廉政制度规定，自觉"讲党性、重品行、做表率"，同时也号召全营党员行动起来，

"讲党性、正风气、守规矩、干事业"，在党员管理中要求党员必须按照先进性要求公开做出承诺，并动员官兵对党员进行监督，年内先后两次对全营党员进行测评，并在全营排名和营内通报，对末位党员进行诫勉谈话。经常提醒党员要自重、自省、自警、自励，做到谨言慎行、坚持原则、艰苦朴素、严于律己，不论是士官晋级、改选还是党员发展都严格程序，要求别人做到的自己首先做到，要求别人不做的自己首先带头不做。一年来，不论官兵立功、战士晋转士官、战士入党，没有一个人有意见想法的，保持了一名政治干部和党代表的良好形象。

一年来，在自己的本职岗位上虽做了一定的工作，但也存在一些差距：一是理论基础不牢，理论联系实际有差距，基层工作经历、经验不足，缺乏谋划工作前瞻性和统筹工作的协调力，指导落实能力还需要进一步加强；二是工作缺少创新，解难创新有差距，尤其是在营队高度分散、任务繁重、条件艰苦的情况下，如何提高学习教育质量、解决官兵实际思想问题，加强人才培养，各种党务制度落实的招数旧、办法少；三是工作作风有差距，蹲不住、抓不实，说讲多，实际指导少的问题比较明显，出现了干部管理不严格、经常性的教育管理不到位，致使战士出现违纪等问题。这些问题我将在今后的工作中认真加以克服和改进。

述职人：× 营政治教导员　×××

20×× 年 ×× 月 ×× 日

第31讲 组织鉴定写作

鉴定是组织对个人或个人对自己的某个时期的思想、学习、工作等方面的情况进行客观评定的一种书面材料。在基层，鉴定用途很广泛，考生入学、战士退伍、干部评衔晋职、评定技术职称，一般都要写鉴定。鉴定是基层党组织经常使用的文书，也是上级组织考察所属人员的依据，以及到新单位让组织尽快了解自己情况的参考。鉴定以内容划分，可分为毕业结业鉴定、任职晋职鉴定、定衔晋衔鉴定、定级晋级鉴定等。鉴定有多种类型，常用的依据写作者的不同分为组织鉴定和自我鉴定。

组织鉴定是基层党（团）组织对党（团）员或青年在一段时间内的思想、学习、工作等方面情况所做的评价。组织鉴定一般由标题、正文和落款三部分组成。

鉴定标题有三种写法：一是由关于、鉴定对象姓名、情况和文种构成。如"关于××同志在校情况的鉴定"。二是由鉴定对象姓名、情况和文种构成。如"××同志毕业鉴定"。三是只写"鉴定"二字。标题要在第一行居中位置书写。在制式表格上填写的组织鉴定，可不写标题。

正文通常有以下三方面内容：1.主要表现和成绩。一般包括被鉴定对象的思想表现和工作表现及其成绩。可以分政治态度、理论学习、组织观念、在组织中的作用、专业学习、完成任务、遵纪守法、群众威信、受奖情况等若干方面来写。内容较多时可分若干段落，每段写一方面的内容，如果内容较单一，可不分段，在一段中概述相关内容。2.主要问题和缺点。要实事求是地指出被鉴定对象存在的问题，对问题不隐瞒，不回避，有什么写什么，没有也不要乱找和强加。缺点和不足是每个人都存在的，写鉴定必须有这一内容，不然就没有做到实事求是。要从思想作风、工作态度、组织观念、能力素质等方面客观分析被鉴定对象存在的缺点和不足。3.努力方向及希望要求。主要是针对被鉴定对象存在的问题、缺点和不足，指出努力的方向，并提出希望和要求。

落款一般采用支部名称和支部书记签名和盖章的形式。落款下方署鉴定时间。时间要写年月日，不能只写月和日。

组织鉴定写作要注意以下几点：

一是慎重负责。组织鉴定是对党（团）员或青年的评价，代表着党（团）组织的声音，直接关系到被鉴定者的切身利益和今后的成长进步。因此，撰写时一定要以严肃慎重的态度，本着对组织和个人负责的精神去进行，切不可应付差事。

二是内容真实。实事求是是撰写组织鉴定的基本原则。写鉴定既要防止故意拔高，夸大成绩；又要防止故意贬低，夸大问题和缺点。要有一是一，有二是二，不管是成绩还是缺点，既不夸大也不缩小，严禁在组织鉴定材料中掺杂个人感情的东西。

三是防止千篇一律。尤其是毕业学员等大批人员做鉴定时，不能因工作量大而图省事，不负责任地搞"通用型"的鉴定。

四是要同本人见面。组织鉴定材料最终要归入被鉴定者的档案，长期保存。组织鉴定同本人见面，是组织鉴定写作的规定性要求。被鉴定者如对鉴定有不同意见可以提出，党（团）组织应认真考虑。其正确的意见，应予采纳；意见不正确，要耐心做好说服教育工作。

例文：

××同志毕业鉴定

××同志20××年9月入学，经4年在校学习，已完成大学本科学业。在校期间，该同志能够严格要求自己，注重德智体全面发展和综合素质的提高。在政治思想方面，积极参加政治理论和党的路线方针政策的学习，积极参加各种政治教育，理论联系实际，努力改造自己的主观世界，入学第一年就加入了党组织。在专业知识学习方面，态度端正，刻苦认真，各科成绩都在80分以上。在能力素质方面，能够注重军事技能的锻炼，充分利用综合演练、模拟连任职等机会，提高自己的综合素质。该同志还积极参加军体达标活动，身体素质明显增强，各个项目成绩均在良好以上。在校期间该同志因工作和学习成绩突出两次受嘉奖，并被评为"优秀学员"。该同志存在的主要问题是在管理教育方面还不够泼辣，在担任学员班长期间，本班的工作比较一般。另外，开展思想互助和经常性思想工作的能力也较欠缺。希望走上工作岗位以后，在实践中大胆锻炼自己，在不断提高自己的工作能力的同时，不断提高自己的管理教育和做好经常性思想工作的能力，成为一名德才兼备的优秀基层干部。

×× 学院一中队党支部

党支部书记 ××（盖章）

20×× 年 × 月 × 日

第*32*讲　自我鉴定写作

　　自我鉴定又叫个人鉴定，是自己对自己的某个时期或某个阶段的思想、学习、工作等方面的情况的综合评定。自我鉴定由标题、正文和落款构成。基本写法如下：

　　标题可写为"自我鉴定"或"个人鉴定"。在第一行居中位置书写。

　　正文一般包括三方面内容：1. 鉴定缘由，主要写明作出鉴定的原因或目的。如"现将我入党以来思想情况和工作表现作一鉴定，以供新的党组织了解和考察"。若是定期的例行性自我鉴定，可省去缘由。2. 主要成就和特点，应写明自己工作表现和突出成绩，突出的优点和特点。这部分也可以从德、能、勤、绩四个方面进行概括。德，即思想道德，包括政治态度、思想品德、党性观念等政治表现。能，即工作能力，包括业务技能、管理能力、业务技术等。勤，主要指工作态度及其表现。绩，即工作实绩和成果。写这部分既要有理论概括，又要有具体阐述，有时还需要一定的材料和数据来说明。3. 存在的问题和不足，应实事求是地从党性原则、思想作风、工作态度、组织纪律观念等方面查找自己的缺点和不足，要防止避重就轻，敷衍了事，或省略不写。

　　自我鉴定写作的基本要求是：一要实事求是，无论是成绩和能力，还是问题和不足都不夸大，不缩小，一是一，二是二。二要对照标准。党员主要以党章规定的党员条件为标准，进行对照检查，肯定成绩，找出问题。三要突出重点，写出特点。所写内容确实是自己的突出优点和缺点，通过鉴定能看出个性和特征。而不能以笼统的共性概括代替具体内容的表述。

例文：

自我鉴定

我服役已近两年，入伍第一年就加入了党组织。在党组织的教育和培养下，由一名青年学生成长为一名合格的革命军人和光荣的共产党员。现在我服役期满，在即将退伍之际，特作如下鉴定，以供新的党组织对我了解、考察和帮助教育。

入伍两年来，积极参加了各种政治理论学习和政治教育，作了近10万字的读书笔记，并做到理论联系实际，从而提高了政治理论和思想觉悟。两年来能够自觉贯彻执行党的路线方针政策，拥护党中央、中央军委和各级党组织的正确领导，在思想上和行动上同党中央保持一致，积极参加党组织生活，定期向组织汇报思想，努力圆满完成组织交给的各项任务，并被评为"优秀党员"。在两年的服役期间，我注意钻研本职业务和军事技术，成为连队的训练尖子，并被团树为"战士训练标兵"。为提高自己的综合素质和文化水平，两年来我还利用业余时间参加了计算机、英语、新闻写作等函授学习，并取得了一定成绩，已获得计算机一级合格证书，参加了英语四级考试，在军内外报刊刊登稿件20余篇，其中在全军全国级报刊发表稿件7篇。因工作和学习成绩突出，先后受嘉奖两次，立三等功一次。

在日常生活中，注意严于律己，宽以待人，团结战友，尊重领导，热心帮助战友解决学习上的困难，热心社会公益事业，曾两次向希望工程捐款，同连队学雷锋小组一起，两年来坚持利用星期天和节假日为驻地群众做好事，连续两年被连队评为"学雷锋先进个人"。

由于我是从家门到校门再迈进部队大门的，入伍前没有经受艰苦生活的磨炼，在部队生活的时间又比较短暂，独立处理问题的能力比较弱，吃苦精神还不很强，遇到艰难的工作任务，有时有为难情绪。另外，由于性格内向，不善与人交往，在开展批评和思想互助方面也比较欠缺。以后，我要加强艰苦生活的锻炼和坚强意志的磨炼，并注意加强与同志们的交往，更多地接受同志们的批评和帮助，更好地发挥共产党员的模范先锋作用，争取在新的岗位上，为党的新时期伟大历史使命的完成，为祖国的四化建设，做出新的贡献。

鉴定人：向军

20××年××月××日

第*33*讲　心得体会写作

心得体会是在接受一次教育、参加一个活动、学习一篇文章或读一本书之后，将自己的感想用文字表达出来的一种文体。它没有严格的格式要求，内容可以是理解认识，谈立场观点、启发感受，也可以表决心、谈理想等。

心得体会一般由时间、标题和正文三个部分构成。具体写法如下：

时间即写心得体会的年、月、日。通常写在文章的开头，占一行的位置。

标题包括正题和副题。正题通常是体会的中心思想、中心论点的高度概括，副题则是交代体会和感想因何而发，如读什么书或哪篇文章的体会。也可以只用一种题目，直接写读××一书的体会、参观××有感等。

心得的正文写作有多种形式。1. 归纳总结式。即将读到的看到的内容归纳总结成几个观点，然后分别展开写自己的体会感受。2. 联想议论式。即抓住读到或看到的某个重要观点，某个突出问题进行进一步的联想和阐述，或肯定或否定或延伸和引发新的观点。3. 交叉式。即将以上两种形式结合在一起写作。先将读到看到的内容进行简要的归纳总结，然后就专门的一个或两个观点或问题谈体会感想。

写心得体会的基本要求是：一要思路清晰。写作前要将需要写的内容在头脑里形成一个大体的框架结构，不能杂乱无章地想到哪写到哪。二要重点突出。写心得体会要切忌面面俱到，抓不住重点。如果的确感想颇多，而感想之间又没有内在的必然联系，不要生拉硬扯往一起，可以分成不同的篇章进行写作，一个一个地写清楚写透彻。三要有感而发。要杜绝无病呻吟，心得体会是发自内心，而不是说违心的话，更不能为了图形式、凑篇数，或为了上级的某种检查，而写与自己感想毫不相干或完全相反的心得体会，以及大话空话连篇的心得体会。

例文：

加强职业道德修养 做好新时期秘书工作

——学习习近平总书记《秘书工作的风范》一文的体会

1990 年 3 月，时任中共福建省宁德地委书记的习近平同志发表了《秘书工作的风范》一文。文中以自己在中央军委办公厅秘书工作经历和后来相继在县、市、地区党委或政府中工作的切身体会，精辟地论述了秘书工作的特点，特别强调了秘书人员的道德修养对于做好办公室工作的重要性，阐述了秘书人员工作作风修养的"五不"要求。习近平总书记的这篇文章虽然发表至今已经 20 多年了，但是其基本精神对当前做好秘书工作仍不失指导意义。

一、习近平总书记以从事秘书工作的切身体会，论述了秘书工作的职业特点。秘书工作者要明确岗位重要，不畏艰难困苦，勇于争挑重担

在《秘书工作的风范》一文中，习近平总书记首先强调了办公室工作的重要性，他指出"办公室，是一个单位、一个系统、一个机构的关键部门。办公室工作如何，对党委乃至一个地方全面的工作影响很大。""办公室工作做好了，各项工作的顺利开展也就有了可靠保证。"进而他以切身体会，分析了秘书工作的四大特点，一是"重"，地位重要。二是"苦"，非常辛苦。三是"杂"，事务繁杂。四是"难"，难度很大。习近平总书记分析的秘书工作的这些特点，是每个做秘书工作的同志都会遇到的也是必须面对的。要适应这些特点做好秘书工作，必须自觉加强自我修养，一是要充分认识秘书工作的重要性，时刻牢记秘书工作无论是党的机关秘书，还是政府机关秘书，所做的每件"小事"都连着"大事"。二是要不怕艰难困苦。针对办公室工作的"苦""杂""难"的实际情况，秘书工作者要做到在任何时候、任何情况下，都不畏困难，迎难而上，工作中勇于挑重担，只有这样才能做好秘书工作，才能成为一个称职的秘书工作者。

二、习近平总书记以对办公室人员的殷切希望，提出了秘书工作的基本要求。秘书人员从事办公室工作要具有高度责任感，追求工作高效率，做到服务高质量

在《秘书工作的风范》一文中，习近平总书记联系办公室工作的实际，对秘书工作人员提出了三条希望：第一个希望：要有高度的责任感。第二个希望：要高效率开展工作。第三个希望：实行高水平服务。习近平总书记当年对秘书工作者提出的"三高"希望，既是做好秘书工作的基本要求，也为各类秘书工作人员做好秘书工作指明了方向。按照习总书记对秘书工作者的"三高"希望做好秘书工作，一是要具备强烈的事业心，要以严肃认真的工作态度，一丝不苟地做好各项工作。二是要具备雷厉风行的优良作风，"做到反应灵敏、运转迅速，适应各方面的需求。"三是要具备周到的服务意识。切实做好为领导和为群众的服务工作。

三、习近平总书记针对秘书职业的客观需求，提出了秘书修养的主要内容。秘书工作者要具备良好的工作作风，做到不自恃、不自负、不自诩、不自卑、不自以为是

在《秘书工作的风范》一文中，习近平总书记不仅分析了秘书工作的特点，提出了做好秘书工作的要求，还具体提出了秘书工作者应具备的素质，提出了秘书人员加强工作作风培养的"五不"自我修养内容。一不自恃，二不自负，三不自诩，四不自卑，五不自以为是。习近平总书记当年对秘书修养提出的"五不"要求，既着重强调了秘书工作者应具备的工作作风，也突出强调了秘书工作者应具备的思想作风。按着习总书记提出的秘书人员修养"五不"要求做好秘书工作，一是秘书人员要摆正自己的位置。"经常检查自己思想、工作'到位'情况，不能'离位'，更不能'越位'。"二是要谦虚谨慎，戒骄戒躁。特别对基层干部群众要态度和蔼，说话和气，不要把自己凌驾于群众之上。三是要有主见，不人云亦云。在处理同领导的关系中，要做到参与而不干预、协助而不越权，但也要注意服从而不盲从。总之，秘书的工作性质，决定了秘书工作者要正确对待名利荣辱，树立无私奉献的精神，不断加强和深化自身的修养。做到公正廉洁，两袖清风；周密考虑，谨言慎行；勤奋好学，刻苦上进。要做到这些，既要有埋头苦干的精神，又要注重学习，学习马列主义、毛泽东思想、中国特色社会主义理论，学习党的路线、方针、政策，学习时事，不断提高自

己的理论素养和政治水平。只有这样，才能圆满完成领导交办的各项任务，才能真正胜任新时期的秘书工作，才能成为一名合格的秘书工作者。

（本例文选自《秘书理论与实践》2014 年第 4 期，作者：李赟）

第*34*讲 日记写作

日记就是把自己一天中有意义的见闻、言行、思想和感受如实地记录下来。它是自己生活的记录，也是人们生活的一面镜子。日记可分为纪实性日记和感想性日记。日记写作的基本要求是：一要反映自己真实的事情和思想活动。二要写得有一定的文采和可读性。三要做到有重点、有质量。四要坚持经常，养成每天写作的习惯。

日记由标题、日期、天气和正文构成。

一、标题

日记一般是用一个词语或短句概括日记的主题或主要内容作标题。标题不是日记的必备格式，日记可以有标题，也可以不写标题。

二、日期

在标题下空一行，左顶格书写，写记日记的时间。可写"年、月、日"或"月、日"。无标题的日记，日记的首行为日期和天气。

三、天气

在日期的同一行书写，一般是右顶格。写当天的天气情况，如晴、阴、小雨、大雨、小雪、大雪等。

四、正文

日记可分为纪实性日记和随感性日记，其正文的构成有所不同。

（一）记实式日记

这种日记是将自己一天所经历和见闻情况如实记载下来，所记内容比较具体，记事比较清楚。具体写法有多种：一是按时间顺序记叙一天的情况。二是着重反映一天中最新鲜、最有意义的事情。写作中常采用议论、说明和抒情等多种表达方式，文章具有生动性和写实性。

（二）随感式日记

这种日记着重记写自己一天中由某种经历而产生的感想。这一类日记通常是有感而发，侧重说理，有的夹叙夹议，但以议论为主。

日记以其内容，虽然可分为纪实性日记和随感性日记两种类型，但在写作中两种形式不是截然分开的，许多情况下是两种形式的结合运用。

例文：

抗疫日记

抗疫第一天（1月28日　星期二　晴）

上午，接到医院护理部紧急通知，医院将成立第二隔离病区，需要医生护士。护士长在群里通知后，我们科室（医院原内四科）护士踊跃报名，我成为隔离二区22名医护中的一员。自新型肺炎波及随州以来，很多医护姐妹及老师日夜奔赴抗疫一线，看到他们穿着防护服，羡慕他们每一个人都是英雄。今天是我的第一个夜班，心情异常激动。当穿上严丝合缝像铠甲一样的防护服，瞬间觉得自己像个300斤的大胖子，6小时不能吃喝，不能上厕所，活动不便……怎么回事呀！但转念一想，这是我25岁以来最酷的装备了！

抗疫第二天（1月29日　星期三　晴）

晚上10点，宿舍，听到睡在我隔壁的护士胡方方跟她6岁儿子语音聊天。儿子问："妈妈，怎么3天你都没有回家啊？你去哪儿啦？"方姐说："妈妈在上班呀，最近比较忙，等忙完就回来，好不好？"儿子说："哦，我知道了，现在外面有病毒，妈妈正跟病毒战斗，妈妈你要早点打败它，快点回来，我好想你啊！"这边的方姐已哽咽得说不出话。我被感动了，愿病毒早日被打败，愿在防疫前线隔离区的妈妈们早点回家，抱抱孩子。

抗疫第三天（1月30日　星期四　晴）

邹体强主任是主动请缨来到我们这个战场的，他是我们的领头羊，从一个英俊潇洒的帅哥变成一位不修边幅的大叔，苍老很多。邹主任对我们二区每名患者都采用了中西医结合治疗，查房、号脉、看舌苔、医嘱、讨论病情、调整治疗方案、与患者谈心、研究药物选择、鼓励医务人员克服困难……每天，吃饭最晚的是他，睡觉最晚的是他，他简直就是个"超人"。

抗疫第四天（1月31日　星期五　多云）

今天给10床的一位患者叔叔打针，戴着护目镜，双层手套，穿刺很不方便。叔叔看着我护目镜上的雾水，说："小姑娘，你眼镜上面都是水，我帮你擦擦吧！没事，你放心扎，我不怕疼。"听着这话内心一股暖流涌动，鼻子瞬间一酸，这是对我们工作的理解和鼓励，要更加努力，迎接春暖花开的到来。

抗疫第五天（2月1日　星期六　多云）

今天，我们隔离二区来了一个3岁小患者和他的妈妈，看他小小脸蛋上戴着口罩，特别心疼。小男孩很懂事，护士邹俊杰特别喜欢这个小男孩，就问小男孩想不想回家？小男孩说，不想回家，妈妈生病了，等妈妈好了再回去。听了小男孩的话，觉得他是小天使，是来温暖人间的。"宝贝，加油，相信叔叔阿姨，我们一定努力，争取让你早日回家。"

抗疫第六天（2月2日　星期日　多云）

护士长聂成梅是我们的"妈妈"，疫情来临，她第一批递交申请。科室护士大多是95后，还有00后，平时在家中，都是父母面前撒娇的"小棉袄"，如今在战场，个个目光坚毅，毫不畏惧。"妈妈"业务精湛，乐于奉献，她有很多头衔：全市优秀护理管理工作者、最美优秀护士长、业务标兵……每天除了忙于管理病区的护理工作，还兼顾护士的心理辅导。每晚下班前，"妈妈"都为每个宿舍点燃艾条，杀菌抗病毒。整个宿舍散发艾草香味，我们隔离二区这个大家庭也如这艾草的香味一般，越来越温暖！

抗疫第七天（2月3日　星期一　晴）

一周的集体生活，我们22名医护人员互相鼓励，加油打气，没有一人打退堂鼓。中午，小伙伴为病人送去热乎的饭菜，病人说："你们辛苦了！"这一句"辛苦"抵消了我们的辛苦和泪水！下午治疗结束后，我和小伙伴开始给病房消毒、为患者清理大小便、陪他们聊天……听到夸奖，我们觉得虽然苦、累，心里却升起一股暖流。请大家放心，我们一定会保护好自己，坚决打赢这场没有硝烟的战争！

（日记作者：随州市中医院留观二病区95后护士戴文洁）

第 *35* 讲　主持词写作

主持词是领导干部在主持会议或活动时的讲话稿。

主持词写作要注意使用规范语言，不可随心所欲；要言必及义，不可扯东道西；要简明精练，不可篇幅拉长。

主持词一般由标题、称谓、正文和结尾组成。

主持词标题由会议名称＋文种构成，如《中国共产党××学院第×次代表大会主持词》。主持词标题虽然是主持词不可缺少的组成部分，但领导讲话中不需要读出。

主持词的称谓在主持词标题下一行顶格写。因会议内容不同，主持词的称谓有所不同。一般党的会议，称"同志们"；各类代表会议，可称"各位代表""各位同志"；会议如果有特邀嘉宾，可加"各位女士、各位先生、各位来宾"。

主持词的正文一般首先宣布大会开始并简要介绍会议的背景、议题、宗旨、议程、出席和列席人情况。紧接着宣布大会第一项议程，待第一项议程结束后，宣布第二项议程，依此类推，直至各项议程结束。在完成各项议程后，主持者可根据具体情况提出下一步贯彻会议精神的要求和打算等。

主持词多以"我宣布大会胜利闭幕！""今天的会议到此结束！""散会！"等词语作为结尾。

例文：

××市共青团第×次代表大会开幕式主持词

各位代表、同志们：

根据大会日程安排，××市共青团第×次代表大会现在举行开幕式，主要议程是听取××市共青团第×届执行委员会工作报告。

参加今天大会的市委领导有：（略）

今天专程来到大会的省团委领导有：（略）

市委和省团委领导亲临大会，充分体现了他们对我市共青团建设的高度重视，是对全体代表、全市×××万共青团员和广大青年的极大鼓舞和鞭策。让我们以热烈的掌声对各位领导的到来表示衷心的感谢！今天在主席台就座的还有：（略）在此，一并表示诚挚的谢意！

同时向大会发来贺电、贺信、赠送贺礼的有：（略）共计××家单位，让我们对以上单位的祝贺与支持表示衷心的感谢！

本次大会应到正式代表×××名，因病、因事请假××名，实到×××名，符合法定人数。

现在宣布，××市共青团第×次代表大会开幕！

请全体起立，唱国歌。

（唱国歌完毕后）

请坐下。

下面进行大会第二项议程，请×××同志致开幕词。

（鼓掌，稍停）

下面进行大会第三项议程，请×××同志代表××市共青团第×届执行委员会向大会作工作报告。

（鼓掌）

（×××同志作报告完毕后，鼓掌，稍停）

下面进行大会第四项议程，让我们以热烈的掌声欢迎市委书记×××同志做重要讲话。

（鼓掌）

（×××同志讲话完毕后，鼓掌，稍停）

市委书记的讲话，高屋建瓴，立意深远，充分体现了市委对共青团建设的高度重视和对全市团员青年的亲切关怀，对于全面贯彻落实科学发展观，实现全市共青团建设的新跨越具有重要的指导意义。我们要认真学习，深刻领会，以更加饱满的热情投身于中国特色社会主义建设事业之中去，为把我市建设成和谐、美丽、繁荣的新都市而奋斗。

今天大会的议程已全部进行完毕。会后，请各代表团按照大会日程安排，对市团委第 × 届执委会的工作报告进行认真的审议。

休会。

第 *36* 讲   开幕词写作

开幕词是重要会议开幕时，领导同志向全体与会人员所作的讲话稿。

开幕词写作要注意以下三点：一是要根据会议性质，确定重点内容，做到详略得当。二是要具有鼓动性，要注意使用富有鼓动性的语言，热情洋溢的情调，来表现庄重的内容。三是要言简意赅，篇幅要短小。

开幕词一般由标题、称谓、正文和结尾组成。

开幕词标题有两种形式：一种是由会议名称＋文种构成，如《中国共产党××市第×次代表大会开幕词》。另一种是概括会议主题作标题。标题下分两行注明致开幕词人的姓名和致开幕词的时间。

开幕词的称谓在开幕词的时间下一行顶格写。因会议内容不同，开幕词的称谓也有所不同，这与主持词的称谓是一致的。

开幕词的正文一般包括以下几项内容：一是回顾过去的工作、成绩、经验及教训。二是提出本次会议的主要内容和任务。三是阐明会议的意义。四是提出开好会议的要求等。

开幕词多以"预祝大会圆满成功"的词语作为结尾。

例文：

中国共产党 ×× 集团公司
第 × 次代表大会开幕词

（20×× 年 × 月 × 日）

×××

同志们：

中国共产党 ×× 集团公司第 × 次代表大会，现在开幕。

出席这次代表大会的代表共 ××× 人。代表中，有各级党组织的负责同志，有为集团公司建设做出贡献的离退休的老同志，有机关、基层的干部、职工，还有妇女和少数民族的同志。这次代表大会，是 ×× 集团建设史上一次重要会议。

这次大会的主要议程有三项：（1）审议上届党的委员会工作报告；（2）审议上届党的纪律检查委员会工作报告；（3）选举新的党的委员会和党的纪律检查委员会。

这次代表大会的主要任务是：认真贯彻党的 ×× 届 × 中全会会议精神，回顾总结近 5 年集团建设的主要成就和经验，研究确定今后几年的奋斗目标和主要任务，进一步动员全体党员和广大干部职工，团结奋斗，继续开拓前进，努力把集团建设提高到一个新的水平。

从 20×× 年底集团公司第 × 次党代表大会到现在，已经 5 年了。这 5 年是我党历史上一个极其重要、极不平凡的时期，是各方面发生深刻变化、取得重大胜利的时期。在这历史性的大变革中，在党中央和集团公司党委的正确领导下，经过全体同志团结奋斗和努力工作，×× 集团公司的建设和各项工作取得了前所未有的成绩，上级领导对集团公司建设给予了充分肯定和较高的评价。这些成就，是大家艰苦努力创造出来的。在这里，我代表第 × 次党代表大会，向在集团建设中做出贡献的全体党员和广大干部职工，致以崇高的敬意！

同志们，我们代表着集团公司 ××× 多名共产党员，在这里共商党的建设和企业建设的大计，任务重大，使命光荣。我相信，全体代表一定能够以对党的事业高度负责的精神，发扬实事求是的作风，坚持民主集中制原则，充分行使民主权利，畅所欲言，献计献策，以严肃认真的态度，把这次大会开成一个团结的大会，开创新局面的动员大会。

最后，预祝大会圆满成功！

37

第 37 讲　闭幕词写作

闭幕词是重要会议闭幕时，领导同志向全体与会人员所作的最后讲话稿。

闭幕词写作要以热情洋溢的鼓动性语言和最精练的篇幅，表达丰富的内容。

闭幕词的结构与开幕词基本相同，也由标题、称谓、正文和结尾组成，写作要求也基本一致。只是正文和结尾有所不同。

闭幕词的正文一般包括以下内容：1.会议在什么情况下圆满结束，胜利闭幕的。2.大会内容的总结，主要内容包括：大会讨论了哪些重要问题，通过了什么决议，研究解决了哪些重要问题，取得了什么经验，会议有什么重要意义等。3.提出要求，主要是深入贯彻会议精神，完成大会所提出任务的要求。

闭幕词的结尾，通常是用对与会者的希望和祝愿的话作结尾，也可直接宣布会议结束，如"现在我宣布，××××代表大会胜利闭幕！"

例文：

在市政协四届五次会议闭幕会上的讲话

（2021 年 × 月 ×× 日）

各位委员、同志们：

刚才，×××书记作了重要讲话，对全市政协工作给予了充分肯定，并就做好政协工作寄予了殷切期望。我们一定要认真学习领会，坚决贯彻落实。

这次会议，在全体委员和与会同志的共同努力下，圆满完成各项议程。会议期间，×××书记、×××市长和其他市领导莅临大会，出席开幕会和闭幕会，听取大会发言，参加界别协商会、委员分组讨论等，面对面听取委员的意见建议，与委员们共商"十四五"大计。全体委员以高度的政治责任感，认真审议和讨论各项报告，深入协商议政，积极建言献策，充分彰显了政协委员履职为民、奋发有为的时代风采，生动展现了人民政协协商民主、凝聚共识的生机活力。

各位委员、同志们！2021年是"十四五"的开局之年，也是我市加快推动跨越式发展、培育新增长极的起跑之年，更是努力打造"高水平建设和高质量发展重要窗口"的关键之年。站在"两个一百年"奋斗目标的历史交汇点，努力推动丽水实现绿色发展的"绝对高质量"和"相对高速度"，使命任务艰巨，未来前景可期。化蓝图为现实，丽水还要砥砺拼搏，补齐短板，更要久久为功，奋力赶趱。要实现"用尽全力跳起来摘桃子"的目标，广泛凝聚共识比以往任何时候都显得更为重要。

人心是最大的政治，共识是奋进的动力。政协的凝聚共识是通过政治协商、民主监督、参政议政，达到思想认识一致的过程。这一过程，要旨是"凝"，就是把思想"凝"在一起，把社会各界的共识统一到市委"十四五"发展的重要部署上来；落点在"聚"，就是把力量"聚"在一块，为丽水"十四五"发展调动一切可以调动的积极因素，团结一切可以团结的力量。人民政协作为实现党的领导和团结各界人士的专门协商机构，要坚持党对政协工作的全面领导，始终与市委同心同向、同力同行，为丽水奋斗"十四五"，奋进新征程，凝聚砥砺前行的强大共识，汇聚团结奋战的磅礴伟力。

奋斗"十四五"，奋进新征程，我们必须在学习教育中增进共识。学习是政协的传家宝，是政协完成凝聚共识历史使命的思想保证。要深入学习习近平新时代中国特色社会主义思想，深入学习中国共产党100年的光辉历史，用党的创新理论团结引领参加人民政协的各党派团体和各族各界人士，坚定不移听党话，矢志不渝跟党走。要始终坚持在市委的领导下开展政协工作，坚决拥护市委打造"高水平建设和高质量发展重要窗口"的新任务、"十四五"发展的新部署、"双招双引"的新举措，不断坚定丽水高质量绿色发展的信心和决心。

奋斗"十四五"，奋进新征程，我们必须在协商议政中汇聚共识。广泛凝聚共识是人民政协协商民主的中心环节，是发挥专门协商机构独特作用的关键所在。要坚持建言资政和凝聚共识双向发力,厚植社会主义协商民主文化,在商以求同中谋良策、协以成事中出实招,充分发挥人民政协作为专门协商机构的独特作用。要聚心聚势"十四五"宏伟蓝图,聚焦聚力二〇三五远景目标,紧紧围绕市委重大决策和战略部署,着力推动全市政协凝聚共识工作与时俱进、开拓创新,努力形成凝聚共识与协商议政融为一体、交相辉映的生动局面。

奋斗"十四五",奋进新征程,我们必须在为民履职中传播共识。人民政协凝聚共识是一项特殊的群众工作,要讲政治、讲感情。要积极主动联系服务界别群众,大力宣传"十四五"发展的美好愿景,协助党委政府做好政策宣传、解疑释惑、化解矛盾等工作,为实现"十四五"宏伟目标夯实最广泛、最深厚的群众基础。要深入开展"三服务",满怀真情做好联系重点项目、联系企业、联系乡村等指导帮扶工作,精心设计教育、科技、文化、卫生、法律"五送下乡"活动,扎实开展"双千"扶贫助困行动,用真情传递党的温暖,用行动赢取群众共识。

奋斗"十四五",奋进新征程,我们必须在团结联谊中统一共识。人民政协是大团结大联合的重要平台,包容性强、联系面广,夯实团结奋斗的共同思想政治基础是政协工作应有之义。要完善各党派团体参加政协工作共同性事务交流机制,引导民族宗教界代表人士促进宗教与社会主义社会相适应,加强与港澳委员和港澳台侨列席代表、新的社会阶层人士、非公经济人士的联谊联系,形成最大公约数,画出最大同心圆,讲好中国故事、丽水故事、政协故事,广聚共识助力"十四五"规划科学谋定,广集良策推动"十四五"目标落地见效。

各位委员,同志们!集众智可定良策,合众力必兴伟业。让我们紧密团结在以习近平同志为核心的党中央周围,在中共丽水市委的坚强领导下,高扬"丽水之干"的行动奋斗旗帜,弘扬践行浙西南革命精神,不断推动政协工作提质增效,为开启高水平全面建设社会主义现代化新征程贡献更多政协智慧和力量。

38

第 *38* 讲　部署动员讲话稿写作

部署动员讲话稿是为了完成某项任务，领导同志向所属人员做动员时所发表的讲话稿。

部署动员讲话稿要做到以下三点：一是布置任务要注意其准确性和可操作性，要对提出的口号及措施进行核实。二是提出的要求要有针对性，要结合本地实际情况，做到有的放矢。三是语言要活泼、生动，条理清晰，通俗易懂。句式要简短，要富有说服力、鼓动性和号召力，以给人信心与力量。

部署动员讲话稿由标题、称谓、正文和结尾组成。

标题有两种形式：一种是由单位、事项和文种构成。另一种是用一句具有鼓动的话作标题。标题下分两行注明致词人的姓名和致辞时间。

动员讲话稿的称谓在动员词的时间下一行顶格写。一般写"同志们"。

部署动员讲话稿正文常有以下几项内容：1. 要开展一项什么工作，开展这项工作的政策和理论依据。2. 完成该项任务的意义。如现实意义与深远意义；全局意义与对本单位的意义；政治意义与经济意义等。3. 完成该项任务的指导思想和具体安排。即本项任务以什么为指导，解决什么问题，达到什么目的及完成任务的具体步骤和计划。4. 完成该项任务的要求和注意事项。

正文的以上四项内容并不是每一篇部署动员讲话稿必须具有，有的可根据实际情况重点讲其中的两项或三项，一般说来第二项和第四项内容，即完成任务的意义和要求是不可少的，其他各项可根据需要从简，如已经下发了有关工作计划，工作任务的具体安排已经十分明确，就不一定在动员词中再重复提及。

部署动员讲话稿常用一两句号召性的口号或一两句希望性的话作结尾。

例文：

在军训动员大会上的讲话

（20××年×月××日）

×××

尊敬的各位领导、亲爱的老师和同学们：

秋风送爽，五谷飘香。在这金色的十月，我们部队××余名官兵作为一群特殊的学生，来到人才辈出的××师范学院，将与大家一起度过为期××天的军训生活，我们感到非常荣幸。在此，我代表部队全体官兵向刚刚踏入大学校门的新同学表示热烈的祝贺，向全体老师表示诚挚的问候！

我们部队是一支英雄的部队，具有光荣的历史和优良的传统。曾经涌现出一大批战斗英雄，《敌后武工队》《平原枪声》等妇孺皆知、深受全国人民喜爱的战斗影片，就是以我们老部队的战斗事迹为素材拍摄的。

我们部队又是一支文明之师、威武之师的窗口部队。和平年代，我们参加过多次重大军事演习，多次参加抗洪抢险等危急任务，先后被总部和军区评为"全军接受和培养地方大学生先进单位""人才建设先进单位""基层全面建设先进单位"并荣立集体二等功。

江山辈有才人出，长征接力有来人。××师范学院作为××地区的最高学府，是培养人类灵魂工程师的摇篮，学院历史悠久，教学设施先进，师资力量雄厚，校园环境优美。多年来，你们学院给全国各地输送各级各类人才3万余人，为国家及地方的教育事业、文化事业和经济建设做出了重要贡献，在省内乃至全国都享有很高的声誉。同学们，你们是当代青年的骄子，祖国明天的希望。时代需要你们担负起百年树人的历史重任，中华民族的伟大复兴需要你们为之不懈奋斗。摆在你们面前的历史重任，都需要新时代的大学生具备一个适应未来需求的综合素质，而参加军训正是你们摔打、锻炼自己良好素质的重要实践活动。

××天，时间不长，但我相信，通过这次短暂的军训，你们将充分了解我军优良的革命传统，将深深地体味到革命前辈崇高思想境界和高尚情怀，从而让你们懂得什么是无私奉献；你们将在严格的训练和摸爬滚打中体验到军人所特有的那种顽强作风和无私无畏的精神，从而让你们懂得什么是艰苦奋斗；你们将在集体生活中感受到革命战士顾全大局的那种高度自觉思想和集体主义精神，从而让你们懂得什么是严明的组织纪律；你们将在互相关心、互相帮助中理解纯朴诚实的品质和真挚友爱的情感，从而让你们懂得什么是团结友爱。我相信，同学们在经过这种刻骨铭心的磨炼之后，在今后的学习生活中将更有信心、更有能力去迎接未来任何风浪的考验和挑战！

同学们，建设和谐社会的号角已经吹响，实现中华民族复兴的重任需要我们承担。作为新时代大学生，你们任重而道远，希望你们珍惜这次宝贵的锻炼机会，以青年人应有的蓬勃朝气、昂扬锐气和一往无前的精神，切实做到流血流汗不流泪，掉皮掉肉不掉队，用辛勤的汗水在青春的旗帜上书写绿色而又难忘的篇章！

最后，预祝军训圆满成功！谢谢大家。

第*39*讲　总结讲评讲话稿写作

总结讲评讲话稿是在某项任务告一段落或结束时，领导同志对执行任务情况进行讲评时所使用的文稿。

总结讲评讲话稿写作的基本要求是：公正客观，实事求是，有一说一，有二说二，无论是成绩还是问题，都不夸大不缩小，各种事例和数据都应准确无误；分析问题必须从客观实际出发，各种结论应经得起实践的检验。

总结讲评讲话稿由标题、称谓、正文组成。

标题一般使用《在××工作总结会上的讲话》，也可以用反映总结主旨的一句话作标题。标题下面写演说人的姓名和讲话日期。称谓一般称"同志们"。

正文结构一般是：1.交代执行和完成任务的背景。即在什么情况下完成任务的。2.主要成绩和存在问题。讲成绩要实事求是，不扩大，不缩小，评价要恰如其分，符合客观；讲问题要准确，要找出最主要的问题，重点从组织领导方面找问题。不宜用"还不够""还不深""还须努力"等笼统语言，或"发展还不平衡""有的问题认识深刻、有些问题认识还不很深刻"之类说与不说都一样的话，作为对问题的总结。3.经验与教训。这是讲评词的重点。这部分要在总结成绩和问题的基础上总结出带规律性的认识，观点要鲜明，层次要清楚。4.说明下一步工作怎样开展，包括指导思想、奋斗目标、措施要求等。正文的四项内容也可根据情况突出其中的两项或三项，不一定都写到。

例文：

在×××镇20××年工作总结大会上的讲话

（20××年×月×日）

×××

20××年以来，在县委、县政府的坚强领导下，全镇干部职工紧紧围绕"立足稳脱贫防返贫、全力推进环保攻坚、着力提升人居环境"总目标，俯下身子抓落实，全镇经济、社会各项工作平稳健康发展。

一、扎实夯实基层党建

一是深入开展"不忘初心、牢记使命"主题教育。以学习十九届四中全会精神和深化"两学一做"常态化制度化为抓手，共组织集体学习31次。特别是通过"不忘初心、牢记使命"专题民主生活会等主题教育安排的各项活动，剖析了问题、凝聚了共识、明确了方向、鼓足了干劲。二是开展"群众有困难，党员第一个到"主题实践活动，全面排查群众存在的困难事项2105件，经过镇村两级的积极帮扶，群众困难均已解决。三是强化党员队伍管理。在加强现有党员管理的同时，29名预备党员如期转正，今年新发展预备党员33名。四是加强阵地建设。42个村全部建立健全了综合服务站，实现制度上墙。在县、镇两级精心指导和村党支部自身努力下，三个后进村如期转化。五是坚持全面从严治党。镇纪委发挥自身职能，推动镇各项重点工作安排部署落地落实，对推动工作不力的4名党员干部进行追责问责。

二、脱贫攻坚成效明显

积极实施扶贫项目，全力推进稳脱贫、防返贫等工作：一是金鸡产业扶贫项目。（略）二是金融扶贫项目。13户建档立卡贫困户共贷款50万，20××年申请贷款贴息1954.46元。三是教育扶贫项目。今年享受雨露计划10人，申请资金3万元。四是多种方式扶贫送暖。帮扶单位先后开展了冬日暖阳、春风化雨行动，为贫困群众送去温暖。目前我镇享受政策的建档立卡户462户849人，脱贫户461户848人，其中2019年脱贫137户254人。未脱贫1户1人。

三、生态环保紧抓不放

一是散煤治理工作。8月份夏季会战以来，共计收缴散煤769.49吨。其中取缔散煤点5个，收缴散煤167.9吨。10月23日县下达散煤收缴任务后，镇村干部逐村逐户进行散煤排查，每吨散煤给予300元置换补贴，收缴散煤1039户601.59吨，并建立了散煤收缴台账。购买了无人机，已开展散煤复燃例行飞检53次，实现了42个村飞检全覆盖。二是清洁取暖工作。配送洁净煤5826户5358.97吨，其中优质无烟煤5496户5128.19吨、洁净型煤73户50.83吨、洁净蜂窝煤257户179.95吨；38个村实施"醇代煤"1774套。三是散乱污整治工作。对2017、2018年"散乱污"清单内46个企业整治情况进行了"回头看"，没有发现反弹现象。2019年以来共受理信访举报件9件，其中5件养殖类已经结合农业农村局建设了粪污处理设施，4个已经按照"两断三清"标准取缔。除信访举报件外，我镇执法排查发现2家"散乱污"也已按照"两断三清"标准取缔，做到"散乱污"企业动态清零。

四、严守安全生产红线

与42个村签订了安全生产责任状，建立健全了网格化监管机制，包村干部包联到村、村干部包联到组、网格员包联到户，切实做到人人有责、人人知责、人人尽责。今年以来微小企业双控建设工作，集中开展"利剑行动"4次。参加上级组织的安全生产大排查、大整治行动，排查企业、商超、饭店、幼儿园、废弃厂房等150余处。镇班子成员、各村包村干部对所包村开展日常排查260余人次，发现无灭火器、消防通道堵塞、电线私接乱搭等安全隐患41处，集中排查全部建立了"一台账四清单"。

五、农村面貌提升成效显著

实施乡村振兴战略，全面深入开展农村人居环境整治。拆除废弃建筑和棚舍162处，4400多立方米。清理生活垃圾840处，9000立方米。清理残垣断壁260处，建成"三园"340处。共实施厕所改造7222户，实施危房改造15户，依法拆除违法占地16000余平方米。大力推行"河长制"，建立县、乡、村三级河长管控体系，巡河完成率实现100%。

六、各项工作齐头并进

今年我镇超额完成税收任务。开展农村集体产权制度改革工作，成立30个集体经济合作社，12个集体股份经济合作社。新增规上企业2家。新增蛋鸡养殖场户 18 户、蛋鸡存栏 30 万只。两家千头养猪场改造提升，引进外资 2000 万元，现猪存栏 4000 余头。新增桃树、葡萄等 6100 余亩，深耕 5000 余亩，申报休耕 1000 余亩。坚持以人民为中心的发展思想，年内新增低保 96 户 152 人、特困 8 户 8 人，保障标准全面提高。开展低保核查 2 次，因生活条件提高，清退超出最低生活保障标准的人口共计 43 户 66 人。对镇文化站进行升级改造，新增棋牌、篮球、羽毛球、乒乓球、锣鼓等器材 12 件，为 6 个村配备调音台等设备。开展广场舞集中培训 1 次，42 个村开展广场舞培训 800 余人次，发放广场舞服装 460 套。

第40讲　就职讲话稿写作

就职讲话稿是领导干部在就任新职务时发表讲话所使用的文稿，其结构分为开头、主体和结尾三部分，写法如下：

开头的方法。 就职讲话开头的表达方式是多种多样的，但常见的主要有以下几种方式：1. 介绍说明法。在讲话的开头用简明扼要的语言介绍说明自己就任新职的原因、背景。2. 表示感想法。所谓表示感想法，就是在讲话的开始，便向听众表示个人就任新职的心情、感受。3. 表达谢意法。讲话者的就任离不开群众的拥戴和支持，离不开上级领导部门的信任和关怀，因此，就任者在就职讲话时，可借此机会对此表示谢意。

主体的写法。 这一部分是就职讲话的核心，要紧紧围绕施政纲领来写；具体说来，有如下几部分内容：1. 简要说明面对的形势或存在的问题。2. 明确提出自己任职期间的打算，让听众了解你的执政纲领。3. 说明实现工作目标的具体措施。提出目标是容易的，但实现目标，却必须有具体的措施来保障。而且，从某种意义上来说，人们关心这些措施甚于关心目标。因为目标再辉煌，再伟大，没有具体可行的措施来保障也实现不了。4. 以高度的责任感来庄重地立下承诺。

结尾的方法。 采用什么方式结尾，要根据内容的需要而定。但常用的结尾有以下几种方式：1. 表态式结尾。所谓表态式结尾，就是讲话者在结尾表示自己就职的态度，或履行职务的决心。2. 展望式结尾。讲话者在讲话的主体部分提出了奋斗的目标。3. 呼唤式结尾。用号召性的语言来唤起公众的责任心，以期得到公众的支持。4. 希望式结尾。在讲话结束时向听众提出希望。

不同的职位，有着不同的就职讲话内容。但不论何种职位的就职讲话，在写作上，都应符合下列要求：

一是态度要坦率真诚。就职讲话实际上是新任领导者对其下属的一种表态，一种承诺。其讲话的目的是要取得下属的信任和支持。因此讲话者在撰写讲话稿时，态度一定要坦率真诚。

二是内容要实事求是。就职演说实际上就是施政演说。讲话者要明确地提出自己任职期间的工作目标，确定自己的施政纲领。这是就职演说的关键，讲话者决不能掉以轻心。因为当你明确地提出自己任职期间的工作目标之后，听众就会在心中给你记下一笔账，并时时拿出来核对一番。所以，讲话者决不能为了"收买人心"而说假话、空话、大话。

三是语言要简洁有力。就职讲话只是讲话者"亮相"的一个特写镜头。因此，最忌拖泥带水，东扯葫芦西扯瓢，而要求以最简洁的话语表达最丰富的内容。切不可为了"展示才华"而用华丽的辞藻来铺陈渲染，其结果是内容冗长，听众大倒胃口。

四是风格要朴实庄重。就职讲话是就职者宣布施政纲领的讲话。这是一件极为严肃庄重的事情，来不得半点"轻浮"。因此，就职讲话在风格上一定要朴实庄重。多使用叙述的表达方式，并辅之以说明和议论的表达方式，而不用描写和抒情的表达方法。至于渲染性、夸张性的语言更在避免使用之列。

例文：

陈骏同志就任南京大学校长时的讲话

各位领导、各位老师，同志们、同学们：

首先，我要感谢各级领导、学校党委和蒋校长，感谢在座的各位同事以及全体师生员工！感谢大家的信任和长期以来对我工作的帮助与支持！刚才，各位领导都发表了热情洋溢的讲话，对学校的发展、也对我本人提出了殷切期望。我十分感动，深受鼓舞！

作为中国最著名的大学之一，南京大学拥有104年厚重光辉的历史，在不同的阶段为中国高等教育与科技事业的发展、为国家富强和民族振兴做出了重要贡献。今天，受命担任南大的校长，面对南京大学辉煌的历史、面对时代的机遇与挑战、面对各级领导和师生员工的信任与期待，我深感责任重大。对我而言，校长的岗位意味着崇高的使命、义不容辞的责任、强烈的紧迫感以及同大家一起，续写南大新辉煌的理想与信念！

我是改革开放以后留校工作的一代人，亲身经历了南大历史发展中这个非常重要的腾飞阶段。在党的路线方针指引下，在教育部和江苏省委省政府的领导下，在历届党政班子和全校师生员工的共同努力下，南大的事业取得了令人瞩目的发展。尤其是1997年以来，在两届党委和蒋树声校长的领导下，南京大学走过了一个快速发展的时期，办学水平和办学效益显著提高，各项办学指标位居全国高校前列，在国内外产生了广泛的影响。九年间学校新增了15位两院院士、连获国家自然科学二等奖10项，学校硬件建设和教师的生活条件也得到了显著改善；1999年，学校成为国家"985"工程第一批重点建设的高水平大学，开始向具有鲜明特色和重要国际影响的世界一流大学进发。蒋校长卓越的领导才能、深远的办学眼光与先进的办学理念，在全国高校中和南大师生员工的心里享有崇高的威望，也是我本人学习的楷模。现在，他已经走上了更重要的工作岗位，在这里，我要向他致以最崇高的敬意！

当代中国正处在经济社会发展的重要历史阶段，国家民族的复兴需要教育和科技的先导性腾飞。党中央国务院重点建设高水平研究型大学，期望我们深化改革、提高原始创新能力，成为科教兴国和国家创新体系建设的主力军，引领带动现代化的进程。对南京大学来说这是一个难得的发展机遇和一项神圣的历史使命。作为国家"985"工程首批重点建设的9所高水平大学之一，作为以"综合性、研究型、国际化"为标志的中国一流大学，南大应该当仁不让地以追求卓越的学术、满足区域的需要、面向国家目标、赶超国际前沿为己任！

然而，对照我们的目标与使命，对照真正的世界一流，我们的差距还很大。激流行舟，不进则退，如何在党委领导下，进一步明确今后的发展方向和思路，在继承中谋求发展、在改革中实现超越，是我们面临的艰巨任务。在这里，我想就几项重点工作谈点想法。

第一，我们要始终不渝地以学科建设为龙头、队伍建设为核心，以学科建设统领学校各项工作。我们的自然科学学科要整体缩小与国际先进水平的差距，力争在一批优势方向上打造具有国际影响的一流学科；高新技术学科要重点突破，坚持以国家目标和社会重大需求为导向，形成富有特色和生机的新增长点；人文社会学科要以光大民族文化精神为己任，进一步提升内涵，巩固和培育在国内领先的优势学科和特色方向，实现南大文科的腾飞，真正成为国家经济社会建设的重要思想库和智囊团！学科建设的最重要内涵是队伍建设，我们要加大拔尖人才的引进力度、加强领军人才的培养和对中青年的扶持，注重理科创新团队和文科学术梯队的建设，还要充分认识到建设一支团结和谐的学术队伍对学科建设是何等的重要。

第二，我们要牢固树立教学工作的中心地位。进一步加大教学投入，包括硬件建设和软件建设，包括经费投入和精力投入；进一步深化教育教学改革，包括课程体系、教学内容和教学方法的改革；进一步提高教学质量，着力培养学生的创新意识和实践能力，为创新型国家的建设、为各行各业和各条战线培养不同特点的领袖人才。在我国高等教育整体进入大众化阶段的新形势下，继续保持我校注重教学质量、培养精英人才的特色。

第三，南大有今天的声誉，很重要的原因在于产生了许多对国家社会具有重要推动意义的优秀科研成果，突出的科研优势是使我们闻名于世的另一个特色。今后我们要以机制创新为先导，通过科研管理机制的改革和组织方式的调整，提高研究水平，为国家和地方发展做出我们应有的贡献。具体而言，我们的基础研究要进一步扩大原有优势，瞄准国际前沿、形成国际影响；高新技术研究要坚持国家目标导向、面向经济建设，加强与地方政府和大企业的合作，生成一批原创性的自主创新成果，在科教兴国和科教兴省战略中发挥更重要作用；文科科研要强化精品意识、强调特色研究，注重研究方法的创新，致力解决关系国计民生的重大理论和现实问题，形成国内一流的"南大品牌"。

此外，我们要继承和发扬南京大学百年积淀下来的深厚底蕴和精神传统，这是南大的立校之本，是推动南大事业稳步前进的精神动力；要以人为本，加快拓展办学空间、合理调整校园布局、多方筹措资金改善办学条件，尤其是进一步改善教师的科研与居住条件、改善同学的生活与学习条件；要在办学中加快国际化的步伐，全面推进国际化进程；要进一步理顺关系，深化内部管理体制改革、提高管理水平和办学效率；要加强公共服务体系和科研支撑体系的建设，这是南大事业发展的重要保障。

最后，利用这个机会，我想对今后的工作表个态：

一是要坚持走群众路线。在今后的工作中，我将依靠党委、依靠广大师生员工、依靠全体南大人。我要经常深入院系，听取大家的意见，接受大家的批评和监督，做一个体察民情的校长。

二是要敢于承担、勇于创新。南京大学历来是国内大学中出思想、出经验的地方，敢为天下先是南大的传统。我将在党委的领导下以干事业、求革新的气魄和勇于承担责任的精神，克服困难、锐意改革、坚持创新，做一个敢负责任的校长。

三是要保持务实的工作作风。诚朴是南大精神的内核，务实是南大传统的特点。我要像前辈校长们那样诚恳待人、实事求是，在自己有限的任期中全身心投入到南大的事业里去，做一个务实勤勉的校长。

老师们、同志们、同学们：与蒋校长一样，我也是在南京大学成长的。2006年距离我进入南大学习正好30年。我非常热爱和感激这个培养我的学校，我也清楚自己身上的担子有多重，我还知道相对于大家的信任和校长这个岗位的要求，我的差距有多远，有许多方面要学习、有许多不足要改进。但是我有信心在教育部和江苏省委省政府的领导下，在学校党委的领导下，在班子其他成员和全体南大人的支持下，改进不足、完善自我、胜任工作、不辱使命。

乘风破浪会有时，直挂云帆济沧海。对南大的过去，我充满自豪；对南大的未来，我满怀信心。让我们携起手来，同心同德、众志成城，继承和发扬南京大学深厚的文化氛围和卓越的精神传统，向着创建世界一流大学的目标前进！

第*41*讲　离职讲话稿写作

离职讲话稿是领导干部在离开现职务时发表讲话所使用的文稿。其结构分为开头、主体和结尾三部分，写法如下：

开头的方法。离职讲话的开头方法主要有以下几种：1. 倾述情感法。就是在讲话的开头用诚挚的语言倾述对原单位、原同事及上下级的眷恋之情，或表达自己的心情。2. 说明原因法。就是在讲话的开头说明自己离职的原因。3. 引言导入法。就是引用名言、格言等来引出话题。

主体的写法。离任讲话的主体一般都应包括以下几方面的内容：1. 回忆友谊，抒发眷恋之情。2. 总结成绩，表示感激之情。除个别无所事事者外，一般的领导在任职期内，都会做出一定成绩的。对这些成绩可做概括的总结，但总结的目的绝不是为自己"树碑立传"，而是要给你的同事、下属或上级的功劳簿记上一笔功劳。3. 回顾失误，感激理解之情。工作中有失误是难免的，在离任前不妨对此做些回顾。总结教训，避免自己或他人重蹈覆辙，使以后的工作更慎重，做得更好些，同时感激同事、下属或上级的理解宽容之情。

结尾的写法。1. 表达希望式。在结尾表示自己的希望。2. 表示决心式。在结束讲话时表示自己的决心。3. 表示谢意式。对原单位的领导、同事、下属表示谢意。感谢他们对自己工作的支持，感谢他们对自己离职的欢送。

离职讲话多为即席式，但有时也要做做准备，要事先写好讲话稿，写作时要注意以下几点：

一是要总结成功的经验，不要评功摆好。一般说来，大多数领导干部在任职期间，都会做出或大或小的成绩。对于这些成绩，能不说就不说。如果想说的话，最好从总结经验的角度，艺术地加以表述，千万不可为自己评功摆好。每个人的眼睛都是明亮的镜子，每个人的心中都有一杆秤，成绩的大小，大家都能看得见，都能称出它们的分量，不必离职时重新提起。

二是要表示诚挚的谢意，不要知恩不言。在任职期间所做出的一切成绩，应该说都离不开同事的精诚合作，离不开属下的大力支持，对此，要表示诚挚的谢意，一定不能知恩不言。

三是要回顾失败的教训，不要文过饰非。金无足赤，人无完人。一个人即使能力再强，本事再大，工作中也不可能不出现失误。对于这些失误，离任者要敢于回顾，敢于当着欢送者"亮丑"，来一了前怨，千万不要文过饰非。能当着众人的面自己亮出来，人们就会被你的诚意所感动，不再计前嫌了。在"亮丑"的同时，你应向有关的人员表示歉意，以求谅解。

四是要提出热切的希望，不要缄口默言。作为"老"领导，离任前也不妨对新领导和原来的同事、属下提出点希望。希望新领导能使单位的各项工作更上一层楼；希望下属仍一如既往地支持新领导的工作。

例文：

离职演说词

（20××年×月×日）

×××

首长和同志们：

刚才，直工部×副部长宣布了关于我工作岗位调整的命令。我愉快服从，并将以良好的精神状态履行新的职责，不辜负组织和首长对我的信任和重托。

处在工作岗位更换、个人历史阶段的分界线上，我作为曾在×××训练基地工作和生活过的一名干部，心情非常激动。既有对新岗位的思考，又有对老单位的依恋。回顾我在基地工作这一年多时间，大家对我工作上非常支持，生活上非常关心，思想上更是帮助。我们在共同经历艰苦环境的考验中，在共同承担基地化训练的繁重任务中，在共同创造工作和生活条件的奋斗努力中，大家不计得失，荣辱与共，同心同德，结下了深厚的战友之情，我从中也学到了很多东西。特别是很多同志长期在基地工作，而思想稳定、满怀豪情，从来不叫苦、不怕难、不动摇、不向组织提任何条件，这使我进一步懂得了坚强革命意志的极端重要性。很多同志家庭负担重、实际困难多，但能够舍小家、为大家，把苦衷藏在心里，把笑脸献给事业，这使我进一步懂得了识大体顾大局，勇于自我牺牲精神的可贵。很多同志为了基地建设和基地化训练可持续发展，苦苦追求，不懈探索，取得了累累硕果，这使我进一步懂得了"三创"精神的深刻内涵。基地党委"一班人"自觉把思想凝聚在基地建设事业上，心贴心、肩并肩、手挽手地带领部队抓工作，这种高度统一的生动局面，使我进一步懂得了"团结就是力量"的客观真理性，任何时候都要高举团结的大旗。最让我受教育、受感动的是我们的司令员谢勇同志，他虽然资历老、年龄大，家庭困难很多，身体也不太好，但他深知主官责任重、老同志责任重、基地化训练责任重，始终把革命利益摆在第一位，始终把建设现代化训练基地作为自己的事业追求。他表现出的坚强革命意志、清醒的政治头脑、宽广的革命情怀、公道的处事原则、严谨的工作作风、一流的工作标准，给我树立了很好的学习榜样，从而使我在思想上有了明确的向往标准，在感情上有了可靠的依托，在工作上有了密切的合作伙伴，他对我圆满履行政治委员职责发挥了很好的牵引作用、推动作用和扶持作用。

总之，基地建设的丰富实践和全体官兵用模范行动给我的教育，不仅使我终生难忘，而且必将成为我今后工作的巨大动力。对基地给我的关心，支持和教育，这里我郑重表示衷心感谢和崇高敬意！一年多的工作实践，我深深感到，基地化训练地位重要，前景广阔。目前，我们已经有了很好的基础条件，有了比较好的发展规划，有了素质比较过硬的干部队伍，有了比较丰富的经验积累，有了顺畅的内外关系，只要基地全体官兵在基地党委的统一领导下，团结一致，继续奋斗，基地建设和基地化训练必将再创辉煌。对此，我一直充满信心、寄予厚望！

由于工作需要，我很快就要离开基地这个火热的集体，但是，我们仍在司令部党委首长的统一领导下，请大家相信，我不会忘记基地这片沃土，不会忘记基地建设和基地化训练，不会忘记与我结下深厚情谊的基地全体官兵。

希望我们部队和机关紧密团结，互相配合，共同把工作做好，共同对司令部首长负责，为直属队增光添彩！

最后，我表示，如果在过去工作中有什么失误，请基地党委认真纠正；如果在开展批评中，有不当之处，请同志们予以谅解；如果今后基地有什么困难需要直工部协调解决，我将全心全意，积极帮助。

我的发言完了，不妥之处，请张参谋长和大家批评指正。谢谢大家！

（本例文由孟兴华提供，作者：王江根）

42

第*42*讲 欢迎词写作

欢迎词是在迎接宾客或单位新成员仪式上，对欢迎对象的到来表示欢迎的一种礼仪文书。欢迎词由标题、称谓、正文和结尾四部分组成。具体写法如下：

标题有三种形式：一是只写"欢迎词"三字。二是事由加文种。如《迎接新兵入营欢迎词》。三是由致词人、致词场合和文种三要素组成。如《×× 在欢迎 ××××× 宴会上的讲话》。无论是哪种形式，致辞时，致辞人一般都不需要念题目。

称谓顶格写对欢迎对象的称呼，后加冒号。称呼一定是尊称，一般根据对象在名称前加"亲爱的""敬爱的""尊敬的"等词语，有的还要在姓名前加职务或姓名后加职称。

正文一般分为三部分。第一部分以简明的语言对被欢迎对象表示热烈的欢迎。第二部分写新成员到来或来宾到来的意义、作用。第三部分写两个单位之间的友谊、交往及成就等。如是欢迎单位新成员则对本单位性质、环境、特点作概括性的介绍，并提出一些希望和要求。正文一定要写得热情洋溢，使欢迎对象感到欢迎者的热情。但不可夸夸其谈，光讲客套话而无实际内容，要充分表达欢迎者的真诚和实在，切忌虚情假意，套话应付。

结尾一般写"再一次表示欢迎"，或写一些祝愿的话。结尾写作一定要简明，不可拖泥带水，通常是一两句话作结。

例文：

在军民联欢会上的欢迎词

（20××年×月×日）

×××

各位领导、同志们、同学们：

今天，我们在这里欢聚一堂，举行热烈隆重的迎八一军民联欢活动。首先，我代表全营官兵，对专程来我营慰问演出的胜利路小学的张校长、各位老师和各位同学们，表示热烈的欢迎和衷心的感谢！

同学们，中国人民解放军诞生于1927年的八一南昌起义，到今天，整整74年了。中国人民解放军是一支英勇善战、不怕流血牺牲的人民军队，在抗日战争和解放战争中，赶走了日本侵略者，打败了国民党反动派，解放了全中国。我们今天的幸福生活，是无数革命烈士用生命换来的。高高飘扬着的国旗、军旗和少先队的队旗，是鲜红的，因为它们都是用烈士的鲜血染红的。所以，我们一定要倍加珍惜今天的幸福生活，好好学习，天天向上，长大之后，成为国家的栋梁之材，成为一名光荣的解放军战士。

今天是八一建军节，值此佳节之际，胜利路小学的老师和同学们，给我们送来了内容丰富的文艺节目。有了老师和同学们这真诚的祝福，在这炎热的夏天里，无论我们的工作多么繁重、多么艰苦，我们将永远感到无比的高兴和欣慰。

最后，让我们再次以热烈的掌声，对胜利路小学的领导、老师和同学们的到来，表示衷心的感谢！

也希望在座的老师和同学们，和我们一起分享节日的欢乐，祝愿大家身体健康、工作顺利、全家幸福。

我的讲话完了！谢谢大家。

43

第*43*讲　欢送词写作

　　欢送词是在欢送宾客或单位离去成员仪式上，对欢送对象的离去表示欢送的应用文。欢送词与欢迎词内容虽然不同，但结构和写法相似。也由题目、称谓、正文和结尾四部分组成。写法除正文外，其他各项基本相同。

　　欢送词正文一般分为三部分。第一部分以简明的语言对被欢送对象表示热烈的欢送。第二部分写来宾来访的意义、作用。第三部分写两个单位之间的传统友谊和这次友好交往的成就等。如是欢送本单位成员离去，则赞扬其多年来对本单位所起的作用和所作的贡献。在这部分里要对欢送对象表达感谢之情，有时还根据不同对象也可提出一些希望。正文既要写得热情洋溢，又要写得真诚实在，切忌虚情假意，胡乱吹捧；信口开河，随便表态。

例文：

在干部培训班结业典礼上的欢送词

（20××年×月×日）

×××

同志们：

　　经过4个月的紧张学习，同志们圆满完成了学习任务，就要返回各自的工作岗位了，在此，我代表全体任课教员，向大家表示热烈的祝贺和欢送！祝贺你们较系统地掌握了我军政治工作的基本理论，提高了马克思主义认识水平！祝贺你们取得了工作研究和学术探讨的丰硕成果！

同志们，我们相处的时间虽然不长，但你们给我们教员留下的印象是深刻的。四个多月来，你们勤奋学习，刻苦钻研，积极探讨，比学赶帮，遵规守纪，尊敬师长，取得了思想和学习双丰收，你们不仅圆满完成了课程内的学习任务，而且利用业余时间学习论文写作，撰写稿件300多篇，已有67篇被报刊采用，其中发表论文56篇。更可贵和值得庆贺的是其中有60名同志发表的是处女作，在自己刊稿史上实现了零的突破。

教与学从来都是双向的。我们在完成教学任务的同时，也从你们身上学到了不少东西，在与你们相处的过程中，新教员增添了活力，老教员也感觉年轻了几岁。你们常说的一句话是谢谢教员，今天我要代表全体任课教员向你们说一句：谢谢学员同志们！感谢你们对我们教学的大力支持。

四个多月的时间是短暂的，你们学到了不少知识，但同时也是有限的。况且，你们原有基础也不尽相同，有些知识的消化需要有个过程，有些能力的提高也绝非三四个月所能从根本上解决的。毛泽东同志有句名言：读书是学习，使用也是学习，而且是更重要的学习。真诚希望你们回部队后，继续巩固已学知识，继续发扬"钉子精神""熬夜精神"，在实践中学习，学习，再学习！提高，提高，再提高！我们坚信：只要同志们刻苦努力，定能获取新的成绩！

我们相处的时间虽然是短暂的，但是师生建立的友谊却是长存的。望分别后，多加联系，你们有什么要求，尽管来信来电，我们随时准备回答你们提出的各种问题。也真诚地希望你们把你们的成绩和喜讯传递给我们，让我们分享。我们将密切关注报刊和电视，希望能看到你们的事迹和身影；看到你们的经验和作品；看到你们的成长与进步！

最后祝你们一路平安，工作顺利，事业有成！

44

第 *44* 讲　贺词写作

贺词又叫祝词、祝词、致辞，是各级领导机关或行政部门、团体、企事业单位及其领导人，在某些场合使用的一种表示良好祝愿、祝福、期望的社交礼仪性应用文。贺词使用范围广泛，种类繁多，一般是对正在开始做，尚未有结果的事情表示祝愿。主要有会议贺词、节日贺词、开业典礼贺词、学业有成贺词、就业就职贺词、开竣工贺词、婚礼贺词、寿辰贺词等。

贺词由标题、称谓、正文、结语和签署五部分组成。具体写法如下：

贺词的标题有三种形式：一是只写文种，"贺词"二字。二是由制发者、事由和文种三要素组成。如：《周恩来总理在欢迎美国总统尼克松的宴会上的祝酒词》。三是由事由和文种组成。如：《为庆祝朱总司令六十大寿的祝辞》《授衔贺词》等。致辞时，致辞人不需读标题。

称谓顶格写被祝方的称呼。一般写尊称如："亲爱的×××同志："、"尊敬的×××先生："，也可直接写对在场人员的称呼，如婚礼贺词可写："新郎新娘、各位亲朋、各位来宾："。

正文根据不同对象，采用不同写法，一般是分段写祝贺的具体内容。这部分写作一定要有针对性，要针对祝贺对象的特点、性质，选择恰如其分的措辞，做到既庄重，又热烈，要通过热情洋溢的语言把致词人的祝贺之情充分表达出来，表达要注意礼仪周全，用词文雅得体，精练简洁，不可拖沓冗长。

结语一般写祝愿和希望语。有的贺词以"此致。敬礼！"作为结尾。

贺词一般签署致辞单位或致词人姓名和日期。祝酒词、婚礼贺词等也可不署名。

贺词的写作一是要热情、诚恳。要表达出热烈祝贺之意，无论是对人、对事，都要写出真诚的祝愿。同时，态度要诚恳，要避免盲目吹捧，空话套话，应付差事。二是要切合身份。要注意根据彼此的关系以及职业和地位的不同，选择恰如其分的词语。三是要简洁精练。切忌离开主题，扯东道西，漫无边际。

例文：

新年贺词

×××同志在20××年春节团拜会上的致辞

（20××年2月8日）

同志们：

今天我们欢聚一堂，共同庆祝农历新年的到来。在这辞旧迎新的时刻，我代表全体院领导，向全院职工，向离退休老同志，向关心和支持我院建设和发展的社会各界拜年！并通过你们向你们的家人致以新年的问候和良好的祝愿！

过去的一年，在上级党委和部门的正确领导下，我们同心协力、攻坚克难，各项工作又有了新的突破。

我们出台了聘用制人员工资、奖金调整方案，为逐步实现聘用制人员与正式在编职工同工同酬迈进了一步。细化了绩效考核工作，制定了更为全面和量化的绩效考核标准。加快了信息化建设步伐，提高了工作效率。在充分论证的基础上，积极筹建我院东院区，初步定为正月十六开业。同时为××新区启用培养和储备了人才。

过去的一年，我们深入开展了"三好一满意"等一系列活动，着力提高服务水平，服务能力进一步提高。在我省护理专业技能竞赛中，我院取得优胜单位一等奖的好成绩。两人代表我省参加了卫生部和中华全国总工会联合举办的全国卫生系统护士岗位创新技能竞赛决赛。20××年共获得国家自然科学基金2项，科技部"十二五"国家科技支撑计划子课题4项。获得省科技进步奖二等奖2项、三等奖6项。以独立完成单位发表论文被SCI收录共×××篇，较20××年增长了53.4%。

成绩的取得，是全院职工团结奋进、共同努力的结果。在这里，我代表全体院领导，向辛勤工作在各个岗位的全院职工致以崇高的敬意！

面对一年来的优异成绩，我们既要增强责任意识，充分利用各种有利条件，坚定医院发展的信心和方向，又要增强危机意识，高度重视当前工作中面临的问题。要保持清醒的头脑，充分认识到医院工作中的不足。应当看到医院的内部管理还需要进一步完善，服务态度还需要进一步改进，医疗技术水平还需要进一步提高。不能认为医院各项指标都有所改善就可以盲目乐观，应该抓住医院建设和发展的这一有利历史机遇期，鼓足干劲、力争上游，不断促进医院综合实力的提升。

20××年是医院发展和建设的重要时期。我们将全面启动和贯彻落实《三级综合医院评审标准（20××年版）》的各项要求，以医疗、科研、教学等工作为中心，加强医院内涵建设，促进各项工作再上一个新台阶。在做好现有8个国家临床重点专科项目建设规划的同时，积极开展其他专业的国家临床重点专科申报工作，力争再有新的突破。认真做好新区新院建设，加快医院信息化建设速度，以信息化平台促进医院管理水平的整体提升。推进优质护理服务和抗菌药物临床合理应用等重点工作的深入开展。新的一年，医院将以更加精湛的医疗技术和更加贴心的医疗服务赢得人民的信赖。

同志们，责任重于泰山，事业任重道远。让我们在新的一年里，振奋精神、团结奋斗，以更加坚定的决心，更加务实的作风，更加有力的措施，抓住机遇，乘势而上，为促进医院的快速健康发展而不懈奋斗！为保障人民群众身体健康做出新的更大的贡献！

祝大家春节愉快、身体健康、阖家幸福、工作顺利！

谢谢大家！

（本例文由王云、张皓、张博提供）

第45讲　规定写作

　　规定是对特定范围内的工作和事务制订带有约束性的措施的文书。有的规定内容较为全面、重大，往往是某项工作、活动的政策和准则的规范。有的规定内容则较为单一，多就一项工作、活动的某一侧面、某一具体问题做出规范。规定具有针对性、原则性、权威性和具体性等特点，要求所属单位和人员自觉遵守。

　　规定由标题、正文构成。

　　规定的标题形式一般有两种：一种是事项加文种。如《廉政建设的若干规定》。另一种是单位加事项加文种。如《炮兵营政治教育多媒体课件使用规定》。

　　规定的正文由序言、主体和结尾组成。

　　序言。这是规定正文的开头部分。一般要简要说明制发该规定的缘由和政策根据，并以"特作以下规定""特制定本规定"，启接下面的规定事项。

　　主体是规定事项，是规定的主要内容。规定事项通常包括两个方面：一是原则的规范要求；二是具体的约束措施。关键性的基本原则，首先用第一条单独说明。属于一般性原则的，则在各条中先说原则规范，再说具体措施，使每条规定既有概括性，又有具体性。

　　结尾部分一般是写执行说明，交代实施要求与生效日期。有的规定也可以不写序言和单写结尾，只把所规定内容逐条列出即可。

　　规定写作应注意以下几点：

　　一是依据要有权威性。规定要依据党和国家的政策、法令、法规，以及上级的指示精神，对某项工作或活动的进行作出规范。把党和国家的方针政策、法律法令和有关规定具体化。而不能离开原则写规定。

二是规定要明确具体。规定回答的是允许和不允许的问题，允许怎样，到什么程度；不允许怎样，违犯了该怎样处理，回答要一清二楚。规定事项应具体明确，界限要清，前后统一。

三是条文要简明扼要。规定应写得简洁、扼要、清楚。决不能含糊其词，模棱两可，造成理解、执行上的混乱和困难。

例文：

十八届中央政治局关于
改进工作作风、密切联系群众的八项规定（摘要）

（2012 年 12 月 4 日中共中央政治局会议审议通过）

一、改进调查研究。到基层调研要深入了解真实情况，总结经验、研究问题、解决困难、指导工作，向群众学习、向实践学习，多同群众座谈，多同干部谈心，多商量讨论，多解剖典型，多到困难和矛盾集中、群众意见多的地方去，切忌走过场、搞形式主义；要轻车简从、减少陪同、简化接待，不张贴悬挂标语横幅，不安排群众迎送，不铺设迎宾地毯，不摆放花草，不安排宴请。

二、精简会议活动。切实改进会风，严格控制以中央名义召开的各类全国性会议和举行的重大活动，不开泛泛部署工作和提要求的会，未经中央批准一律不出席各类剪彩、奠基活动和庆祝会、纪念会、表彰会、博览会、研讨会及各类论坛；提高会议实效，开短会、讲短话，力戒空话、套话。

三、精简文件简报。切实改进文风，没有实质内容、可发可不发的文件、简报一律不发。

四、规范出访活动。从外交工作大局需要出发合理安排出访活动，严格控制出访随行人员，严格按照规定乘坐交通工具，一般不安排中资机构、华侨华人、留学生代表等到机场迎送。

五、改进警卫工作。坚持有利于联系群众的原则，减少交通管制，一般情况下不得封路、不清场闭馆。

六、改进新闻报道。中央政治局同志出席会议和活动应根据工作需要、新闻价值、社会效果决定是否报道，进一步压缩报道的数量、字数、时长。

七、严格文稿发表。除中央统一安排外，个人不公开出版著作、讲话单行本，不发贺信、贺电，不题词、题字。

八、厉行勤俭节约。严格遵守廉洁从政有关规定，严格执行住房、车辆配备等有关工作和生活待遇的规定。

第 *46* 讲　规范写作

规范是约定俗成或明文规定的标准，是机关、单位内部成员行为的共同准则。规范分为设计标准规范和行为规范两大类。基层常用的是行为规范。有的规范是由上级制定，基层遵守的，如《军人道德规范》；有的是根据上级有关规定和本单位的需要而制定的。

规范结构比较简单，一般由标题和正文构成。标题有两种形式，一种是由内容和文种组成，另一种是由单位名称、内容和文种组成。正文通常采用分条式的写法。

规范具有针对性和规定性等特点，要求所属人员自觉遵守。制定规范一定要从实际出发，做到科学合理，还要简明易懂，篇幅精短，以便于所属人员理解和落实。

例文：

中国青年志愿者标志基本规范

为规范使用中国青年志愿者标志，增强青年志愿者光荣感和组织归属感，依据《中国青年志愿者协会章程》等有关规定，就中国青年志愿者标志明确以下基本规范。

第一条　中国青年志愿者标志是经共青团中央批准的中国青年志愿者和青

年志愿者组织的象征和标志。各级共青团组织、各级各类青年志愿者组织和每一位青年志愿者，都应当尊重中国青年志愿者标志。

第二条　中国青年志愿者标志通称"心手标"，其整体构图为心的造型，同时也是英文"青年"第一个字母Y；图案中央既是手，也是鸽子的造型，寓意青年志愿者向需要帮助的人们奉献一份爱心，伸出友爱之手，立足新时代、展现新作为，弘扬奉献、友爱、互助、进步的志愿精神，以实际行动书写新时代的雷锋故事。

第三条　各级共青团组织、各级各类青年志愿者组织和青年志愿者应依法依规使用中国青年志愿者标志。主要包括但不限于下列情形：

（一）开展青年志愿服务活动、举办会议时。

（二）青年志愿服务站、服务基地等服务阵地。

（三）青年志愿服务的外事场合。

（四）颁发的奖状、奖旗、奖章、证书和其他荣誉性文书、证件。

（五）青年志愿服务有关出版物、非商业用途的宣传品、新媒体文化产品、网站等。

（六）青年志愿服务有关视觉识别系统，主要包括青年志愿者组织和青年志愿者的旗帜、徽章、牌匾、服饰、装备及相关文化宣传品等。

第四条　以中国青年志愿者标志为元素设计制作志愿服务相关标识时，应当完整规范使用中国青年志愿者标志，并将其作为主体图案，不得在其上添加任何内容，不得进行篡改。不得使用破损、污损、褪色或不符合制作规范的中国青年志愿者标志。

第五条　中国青年志愿者标志禁止以任何形式用于或变相用于商标、商业广告以及商业活动，不得在不适宜的场合使用。

第六条　县级和县级以上共青团的领导机关对中国青年志愿者标志的制作使用进行监督管理；对社会公众和社会组织违反本规范制作、使用、侵犯中国青年志愿者标志的行为，要坚决制止，并及时向上级团委报告，第一时间提请有关司法和行政机构依法处置。

第七条　共青团中央对中国青年志愿者标志拥有著作权和解释权。中国青年志愿者协会拥有该标志的注册商标专用权。

共青团中央

中国青年志愿者协会

2020 年 4 月 23 日

第47讲　规则写作

　　规则是对特定的活动范围提出的规范。通常是为某一事项或活动的顺利开展，维护某种秩序，对有关人员作出的具体行为准则。规则在局部范围内具有明显的规范性和约束力，有关人员必须遵守和执行。

　　规则由标题、正文、署名和日期构成。

　　规则标题由适用范围、事项和文种组成。如《图书借阅规则》。"图书"为适用范围，"借阅"为事项，"规则"为文种。

　　规则的正文写明所规定的事项和要求。其结构一般比较简单，大多采用条文式，用序码将规定事项依次排列出来。对于活动比较大型和复杂的事项所制定的规则，因条款多或具体，有要求有办法，条下还可设款。在起草规则时，要根据需要安排结构。

　　署名和日期一般写在正文的右下方，有的也可不写署名及日期。

　　规则写作的基本要求是：

　　一是要科学合理。所定规则一定要与相关规章制度相一致，不能背离法规和条例条令，去制定规则。

　　二是要有针对性。即要针对局部范围的特定对象，无须超越这个"局部范围"涉及其他。

　　三是制定规则，要走群众路线。要反复广泛征求意见，补充完善。

　　四是行文要简短明确，易懂易记。条文不宜太多，句子也不宜长。语言要通俗，要便于理解和执行。

例文：

考场规则

一、考生要严肃认真，沉着冷静地参加复试，在规定时间内答题。

二、考生只准带钢笔、圆珠笔、铅笔、圆规、三角板等考试用具（不准带计算尺、计算器），不得将书籍、笔记本、纸张带入考场。

三、考生应在考前15分钟凭准考证进入考场，对号入座，并将准考证放在考桌右角上，以便监考人员查对。除考生和主、助考、监考外，其他任何人不得进入考场。

四、考生迟到30分钟，不得进入考场，考试时间不满60分钟，不得交卷退场（特殊情况除外）。

五、每个考生只发给一套试卷，答题时，只准用蓝或墨色钢笔、圆珠笔书写，字迹要工整、清楚。答题前，应将本人单位、姓名、报考号按规定填写好；"考生单位"填写考生所在集团军、师、旅、团、连。考生不得在试卷上乱画或作任何标记。无姓名的答卷或在试卷上乱写乱画者，一律不计分。

六、考生答题有疑难时，不得向主、助考人员询问，如遇试卷分发错误或字迹模糊等问题，可以举手提出。

七、考生答题完毕，要将试卷反放在课桌上，自动退场。考试时间终止。考生应立即停止答题，有秩序地退场，不准将试（答）卷或草稿纸带出考场。

八、考生要自觉遵守考场秩序，保持考场肃静。考试时，不准说话、走动、吸烟。交卷后，要立即退场，不得在考场内或考场附近逗留和谈论。退出后，不得再进入考场。

九、考生必须严格遵守考场纪律，不准交头接耳，不准传递纸条，不准传阅、交换或偷看他人答卷。对于违反纪律者，视情节轻重，分别给予批评教育、警告、试卷作废、取消考试资格的处理。凡考场作弊的考生，一律取消考试资格。

第48讲 守则写作

守则是为了维护公共利益，向所属成员发布的规范和约束人们道德行为的文书。是根据党、国家的有关政策、法律和法规精神，结合本单位的实际情况而制定的。

守则由标题、正文、署名和日期组成。

标题一般由适用对象和文种构成，如《机动车驾驶员安全守则》。

正文即守则的内容部分。内容比较复杂的守则，正文由总则、分则、附则组成。总则阐述制定守则的指导思想、目的、意义，分则是规范项目，是守则的实质性内容，附则是关于执行要求的说明。内容比较简单的守则，全文由分则内容组成，没有总则和附则部分。守则正文的结构有两种形式：一种是通篇条文式。一般第一条是总则，最后一条是附则。另一种是绪言加条文式。即总则用绪言形式，分则、附则采用条文形式。

署名和日期。署名写制定机关或发布机关的名称；时间写制发的年、月、日。如果标题下已有署名和日期，文尾就不再写这两项内容。有的守则也可不写署名和日期。

守则写作的基本要求是：一要切实可行，所提要求不能脱离实际。二要文字表述准确、精练、高度概括，言简意赅。行文要条目清晰，逻辑严密。三要语言朴实，易懂易记，便于执行。

例文：

机动车驾驶员安全守则

机动车行驶要严格遵守国家道路交通安全法规，防止发生交通事故。机动车驾驶员应当遵守下列安全守则：

（一）严禁无证驾驶；

（二）严禁酒后驾驶；

（三）严禁疲劳驾驶；

（四）严禁超速行驶；

（五）严禁强行超车；

（六）严禁私自出车；

（七）严禁带故障行车。

第*49*讲　制度写作

制度是为加强管理和严格组织纪律而制定的要求有关人员共同遵守的规范性公文。制度是依据法律、法规的有关规定，针对本单位某项具体工作的管理而制定的，制度一经颁布，有关人员必须遵守；若有违反，则要受到相应的处罚。所以制度具有很强的强制性和约束力。

制度由标题和正文两部分组成，写法和要求如下：

标题一般有两种构成形式：一种由事由和文种构成，如《保密制度》《值班制度》；一种由制文单位、事由和文种构成，如《××乡党员干部管理制度》。

制度的正文由总则、分则、附则组成。总则是关于制定制度的指导思想、目的等项内容的说明。分则是规范项目，是制度的实质性内容。附则用以提出执行的要求等事项。内容比较简单的制度，正文可以只有分则。制度正文的结构形式比较单一,一般都是条文式的，依次列述规定内容。

制度拟制应注意以下几个问题：一是规范项目要明确具体，符合工作实际，便于遵守执行。制度不同于守则，其强制作用十分明显，因而条文务必周严、具体。如果定得过于原则化，发挥不了应有的作用，所定的制度就将流于形式。二是条与条、款与款之间应考虑操作顺序和逻辑关系，不要编排得杂乱无章。三是不要在内容上出现前后不一致的现象，以免影响制度的严肃性。

例文：

团的组织制度（节选）

一、团员个人服从组织，少数服从多数，下级组织服从上级组织。

二、团的全国领导机关，是团的全国代表大会和它产生的中央委员会。地方各级团的领导机关，是同级团的代表大会和它产生的团的委员会，团的各级委员会向同级代表大会负责并报告工作。

三、团的各级领导机关，除它们派出的代表机关外，都由选举产生。

四、团的各级领导机关应当经常听取并认真处理下级组织和团员的意见；团的下级组织既要向上级组织请示、报告工作，又要独立负责地解决自己职责范围内的问题。团的各级组织要使团员对团内事务有更多的了解和参与。

五、团的各级委员会实行集体领导和个人分工负责相结合的制度。

第50讲 措施写作

措施是指为落实上级有关指示和规定或为解决日常工作中某一问题所采取的办法和处理要求。

措施一般由标题、正文、落款构成。

标题的形式有三种：1.由单位名称、期限、内容和文种组成。如《××学院20××年加强行政管理工作措施》。2.由单位名称、内容和文种组成。如《××村党支部建设措施》。3.由内容和文种组成。如《夏季卫生防病措施》。

正文一般分两部分写。第一部分是制订措施的缘由、依据和目的。写明为什么要制定本措施，根据什么制定本措施。这部分要写得简明扼要，要开门见山，不必写套话。第二部分是解决某一问题而提出的具体办法和要求，最后写达到的目标或应当收到的效果。这部分通常以条目的形式来写。

落款一般署明制订措施的单位和日期。如标题中已标明单位和日期，文尾可不再写落款。

措施拟写的基本要求有以下几点：一是要领会上级指示精神，吃透其精神实质，把握好制订措施的依据，保证措施的正确方向。二是从本单位实际出发。要有针对性和可行性，方法要切实可行，所提要求通过努力可以做到，各项条款真正能落实到行动上。三是要有可操作性。解决问题的思路要比较清楚，大家照着就知道该怎么去做。四是注意突出重点。不能面面俱到，不要写得过于烦琐，力求简明扼要，做到条理清楚，易懂易记，便于执行。

例文：

医疗事故防范措施

卫生部门、医疗机构和医务人员，应当严格执行医疗卫生管理规定，落实安全防范措施，加强重点环节监管，防止发生医疗事故。

一、卫生部门应当严格按照规定对医务人员的执业资格进行认定，并定期组织考核。

医疗机构应当定期对医务人员进行医疗管理法规培训和职业道德教育。

医务人员取得执业资格并进行注册后，方可独立从事医疗、护理活动。医务人员必须遵守医务工作制度和医德规范；开展新业务、运用新技术，必须充分论证，报有关部门批准后实施。

二、卫生部门和医疗机构，应当严格规范药品采购和储存管理，确保药品质量，严防药品受潮、霉烂、变质、虫蛀、鼠咬以及过期失效；加强药品不良反应监测，推行合理用药制度；对麻醉、精神、医用毒性、放射性药品的管理，实行并严格落实专人负责、专柜加锁存放、专用处方、专册登记、定期检查的制度，确保账物相符，严禁违规发放；严格医疗设备质量管理，开展计量检定和质量控制，确保医疗设备使用安全、准确、可靠。

三、卫生部门和医疗机构，应当适时组织医疗事故隐患专项治理，主要解决下列问题：

（一）擅自开展新业务、运用新技术；

（二）错用药品、滥用药品、用假药品；

（三）违反药物过敏试验规定；

（四）擅离岗位或者不按规定交接危重伤病员；

（五）带教人员擅自授权实习人员独立诊治；

（六）发生医疗事故后隐瞒不报、推卸责任；

（七）其他医疗事故隐患。

51

第*51*讲 倡议书写作

倡议书是单位或集体公开倡导开展某项活动所使用的一种文书。倡议书是把最重要的、有创造性的建议或有关组织、部门的号召，变为群众的自觉行动的重要途径。

倡议书由标题、正文和署名构成，具体写法如下：

倡议书标题要在第一行居中书写，有两种形式：一种是只写"倡议书"三个字；另一种是事由加文种，如"关于×××××的倡议书"。

正文一般写三方面的内容：一是发出倡议的根据、原因和目的。二是倡议的具体内容和要求做到的具体事项，通常分条列出，从几个方面提出各自的具体要求。三是写倡议者的建议、决心和希望。

署名和日期写在正文的右下方。写上发出倡议集体或单位的名称，个人发出的则签署个人姓名。署名下方写发出倡议的年月日。

倡议书属于建议性文书，本身对任何人都不具约束力，群众是否响应，由群众自己决定。因此，写倡议书要做到有说服力和方便可行，所提的倡议必须是对国家、对人民有利的好事，这样才能引起大家思想上的共鸣和行动上的积极响应。

例文：

中共北京市委社会工委、北京市民政局
关于动员社会组织参与新型冠状病毒感染
的肺炎疫情防控工作的倡议书

全市社会组织：

新型冠状病毒感染的肺炎疫情发生后，习近平总书记多次作出重要指示，要求把人民群众生命安全和身体健康放在第一位，制定周密方案、组织各方力量开展防控，采取切实有效措施，坚决遏制疫情蔓延势头。民政部专门印发文件，就民政服务机构管理、慈善力量参与疫情防控工作等提出具体要求。市委市政府迅速落实中央部署，明确了我市做好疫情防控的一系列安排。为认真贯彻落实中央和市委市政府的决策部署，现就动员我市社会组织参与新型冠状病毒感染的肺炎疫情防控工作提出以下倡议：

一、积极投入疫情防控工作。一是加强防控知识宣传。我市社会组织集聚了大批高水平的医学专家、科普工作者、科技人才和专业社会工作者，要主动发挥优势，通过多种形式进行疫情防治宣传，引导会员、工作人员和周边群体配合属地政府，科学参与疫情防控。二是要积极履行社会责任。行业协会商会要倡导会员单位及其分支机构增强行业自律，不得有囤积居奇、哄抬物价等扰乱正常市场秩序的行为，鼓励有条件的会员企业加急生产紧急防控医药产品和设备。三是坚持联防联控、群防群控。鼓励和支持社区社会组织，在做好自身安全的前提下，积极响应当地党委政府的号召，主动配合社区"两委"，积极协助做好疫情排查、宣传教育和疫情报告等工作。

二、做好社会组织内部管理工作。各社会组织应停止举办各类大型聚集活动，减少人员聚集，紧急事务可推迟或通过互联网等方式解决；动员各分支机构、团体会员以电话、微信等新媒体方式收集会员企业、分支机构员工出行情况，发现重要情况及时向属地有关部门报告；做好卫生防疫，搞好公共及办公环境卫生，做好日常消毒，增强自我防护意识，如有工作人员出现发热、咳嗽、气促等急性呼吸道感染早期症状，应按属地管理原则及时引导其当地就医、配合治疗，严守隔离观察有关要求。

三、积极发挥党组织和党员在疫情防控中的作用。积极发挥党组织和党员在疫情防控中的作用。社会组织党组织和广大党员要增强"四个意识"、坚定"四个自信"、做到"两个维护"，深刻认识做好新型冠状病毒感染肺炎疫情防控的重要性和紧迫性，坚定信心、同舟共济、科学防治、精准施策，全力维护社会稳定。市行业协会商会综合党委系统各联合党委要通过多种渠道和方式，学习宣传贯彻中央和市委市政府决策部署，积极动员所属社会组织配合党和政府有序开展疫情防控工作，将有关要求传达到每一个社会组织党组织，每一个党员，每一个从业人员。

四、各慈善组织积极依法有序参与疫情防控工作。各慈善组织、志愿服务组织要严格按照《民政部关于动员慈善力量依法有序参与新型冠状病毒感染的肺炎疫情防控工作的公告》开展工作。在疫情应对响应终止之前，不派工作人员、不发动组织志愿者进入湖北省。慈善组织应当根据湖北省武汉市等疫情严重地区的需求确定募捐方案，首先帮助筹集用于疫情防控的物资，包括：医用防护服、N95口罩、医用（外科）口罩、正压隔离衣、防护面罩、护目镜、消毒液等。现阶段慈善组织暂不为疫情严重地区募集和转送与疫情防控无关的物资。开展公开募捐的慈善组织应当按照慈善法和《慈善组织公开募捐管理办法》的规定，将募捐方案报送民政部门备案。

五、异地商会要做好会员跨区域流动。异地商会要做好会员跨区域流动协调管理工作。北京湖北企业商会和湖北省相关市、县在我市民政部门登记的异地商会，要及时通知已经回到湖北的会员，服从当地政府管理和安排，暂不返回北京为宜；对已经从湖北返回北京的会员，要做好信息统计和报送工作，及时引导其到属地有关部门登记，协助采取隔离等防控措施。其他异地商会也应当及时采取有效措施，动员会员不到人流量大等高危地区活动，尽量避免跨区域人员流动和开展业务。

中共北京市委社会工委

北京市民政局

2020年1月26日

52

第 *52* 讲　挑战书写作

挑战书是单位、群体为了开展竞赛活动，向有关单位、群体提出挑战和竞赛条件的一种文书。挑战书和应战书的作用是激发群众工作热情，调动大家积极性和创造性，是促进群众之间相互鼓励，相互督促，以便更好地完成工作任务的有效手段。

挑战书由标题、称呼、正文、结尾和署名几部分组成。

挑战书的标题写在第一行的居中位置，写"挑战书"三个字，字体一般比正文字体要稍大些。

称谓顶格写挑战对象的名称，后面加冒号。

挑战书的正文通常要写竞赛的目的、内容和条件以及评判的方法等内容。

结尾通常写"此致敬礼"等表示敬意的话。

署名和日期写在正文右下方，写挑战书的单位或集体的名称。日期写在署名的下方。

挑战书写作应注意以下三点：一是要坚持实事求是，一切从实际出发，不提空口号，不提过高指标，竞赛的目标应是通过努力可以达到的，而不能是可望而不可即的。二是态度要诚恳，语言要热烈，不能盛气凌人，藐视对方。三是对竞赛目的、内容、条件的交代要明确具体，不能模棱两可，含糊其辞。只有这样，才能得到对方的积极响应，从而达到竞赛的目的，收到好的效果。

例文：

挑战书

二连全体同志：

为了圆满完成上级赋予我团的国防施工任务，我连全体同志特向你们挑战，我们的条件是：

一、在施工中不怕苦，不怕累，不怕难，想方设法，保证按质按量完成团营规定的各项指标。

二、自觉遵守施工的各项规章制度，不迟到早退，不擅离岗位，干部、党员、骨干要模范带头，确保出勤率在90%以上。

三、继续做好安全防事故工作，做到连有安全组，班有安全员，严格执行操作规程和有关规定，保证杜绝各种事故。

四、以对工程高度负责的态度，严格把好质量关，建立和健全质量检查制度，高质量高标准地完成任务。

同志们，让我们团结一致，相互学习，为国防现代化做出新贡献。

此致

敬礼

一连全体同志

20××年×月×日

53

第 *53* 讲　应战书写作

应战书是单位、群体为响应有关单位、群体提出挑战而予以答复的一种文书。应战书必须针对挑战书的内容拟定，不能随便应战。

应战书的结构与挑战书大致相同，也由标题、称谓、正文、结尾、署名和日期几部分组成，写法除正文外，其他部分与挑战书相同。

应战书的正文要写明对挑战的态度，肯定地回答同意应战。同时表明对挑战条件的态度，是完全同意，还是部分同意，有什么补充和修改意见，在这部分里应写清楚。

应战书写作同挑战书一样，也必须坚持从实际出发的原则，不要唱高调、说大话，语言既要热烈又要真诚和平和，不能以势压人，否则，就会引起隔阂和矛盾，使竞赛失去意义。

例文：

应战书

一连全体同志：

读了你们的挑战书，我们进行了认真讨论，大家表示坚决迎战，愿意和你们开展革命竞赛，并虚心向你们学习，我们除了同意你们的挑战条件外，再补充三条如下：

　　一、搞好施工现场的宣传鼓动工作，办好黑板报，大力表扬好人好事。

　　二、坚持学科学、用科学，以科学促施工，连里成立"科技攻关小组"，着力解决施工中出现的难题。

　　三、搞好伙食改善和饮食卫生，保证大家的身体健康，保障出勤率。

　　让我们携起手来，以友谊的竞赛夺取优异的成绩。

　　此致

敬礼

二连全体同志

20××年×月×日

54

第54讲　决心书写作

　　决心书是基层单位、群体或个人因某事向上级机关组织、领导或组织表达决心的文书。通常在完成大项任务前或任务转换时等使用，对于大造声势，鼓舞斗志，统一思想，保证大项任务的完成具有促进作用。

　　决心书结构比较简单，一般篇幅都不长。通常由标题、称呼、正文、结束语、署名和时间组成。

　　标题写在第一行的居中位置。一般只写"决心书"三个字就可以了。

　　称呼写在题目下一行，从顶格写起，向谁表决心就写谁的名称或姓名。如向连队党支部表决心，称呼就写"连队党支部"，如果是向团党委、团首长表决心，称呼就写"团党委、团首长"，也可以在称呼前面加敬语，如"敬爱的""尊敬的"等。

　　正文包括表决心的缘由和决心做到的事项两部分。表决心的缘由即因为什么事情，什么缘故促使表决心。决心做到的事项是指决心干什么，怎么干。有时候还可以增加回顾个人或集体成长进步，发展壮大过程的有关内容，以表达对上级的关怀帮助的感激之情。

　　结束语一般写"此致敬礼"。也可用一句口号作结尾。

　　署名和时间，分两行写在结束语右下方。署名可以是个人，也可以是一个群体，但必须同正文所涉及的内容相符。时间在署名的下一行书写，年月日要写全。

　　决心书写作要坚持实事求是的原则，所表决心要切实可行，不要说大话、空话，更不要天马行空，乱说一通。另外文字要精练，篇幅要简短。

例文：

决心书

敬爱的党支部：

经过4年严格正规的培养和锻炼，我们初步成长为合格的基层指挥军官，即将结束军校生活，奔赴部队基层。在面临毕业分配之际，我们谨向组织庄严表示：坚决听从党的召唤，到海岛去，到边疆去，到祖国最需要的地方去，到部队最艰苦的地方去！

4年来，我们能从一个个普通的士兵、普通的中学生，逐渐成长为一名基层军官，这是党组织的关怀，各级领导的培养，教官们辛勤教诲的结果。虽然我们还不很成熟，我们的知识还未获得实践的检验，我们的能力还有待提高，但我们相信部队的艰苦生活会使我们更加坚强，部队的繁重任务能使我们得到更大锻炼，我们不会辜负母校和部队的期望，在一线带兵中，把自己锻炼成为优秀的基层指挥员！

部队现代化建设呼唤人才，边防海岛，戈壁沙漠呼唤着人才。我们8中队的65名党员决心：坚决服从组织分配，将自己的青春年华和所学的知识奉献给部队的"三化"建设，以优异的成绩回报党的教育和母校的培养，请党组织考验我们吧。

此致

敬礼！

×中队全体党员

20××年×月××日

55

第55讲 申请书写作

申请书的种类很多，这里介绍其中3种申请书的写作方法。

一、入党申请书的写作方法

入党申请书是要求加入党组织的人员向党组织提出入党请求时使用的一种文书。

入党申请书由标题、受文组织名称、正文、署名和日期构成，具体写法如下：

标题写在第一行居中位置，写"入党申请书"五个字，字体可略大于正文字体，也可以与正文字体同大。

受文组织名称。常见的有三种写法：一是写"敬爱的党组织"，二是写"敬爱的党支部"，三是写"敬爱的党"。三种写法都不算错，但申请书是送达党支部的，因此，写"敬爱的党支部"或"党支部"更为确切。无论写哪种称呼，都应写在标题下一行，顶格写。

正文一般写以下四方面的内容。1. 对党的认识和入党动机。2. 本人的愿望。写本人的入党要求和决心，如承认党章，自愿在党的一个组织中积极工作，执行党的决议，遵守党的纪律，按时交纳党费等。3. 本人表现。包括政治、思想、工作方面的主要表现情况，有哪些主要优缺点，受过什么奖励或处分，以及今后的努力方向。4. 表明个人请求党组织教育和考验的态度。

署名和日期。署名写在正文右下方。一般写"申请人：×××"，署名下方写日期。

申请加入党组织是个人政治生活中的一件大事，撰写时一定要郑重、严肃和认真。一是要忠诚老实，实事求是。申请书必须客观真实，对自己的优缺点不夸张，不缩小，如果有政治历史问题，不隐瞒，对党忠诚老实。二是态度要真诚，要表明自己的真实感受和实际认识，结合自己的思想实际谈认识。不宜使用华丽的辞藻或修饰词。三是重点要突出，除表明自己要求入党的愿望和动机外，着重写清楚对党的认识，本人的优缺点及今后的努力方向，文字通常为一千字左右。

二、入团申请书的写作方法

入团申请书是要求加入团组织的人员向团组织表明入团志愿，提出入团请求时使用的文书。入团申请书结构格式和写作要求与入党申请书基本一样，也由标题、受文组织名称、正文、署名和日期构成。写入团申请书，目的是向团组织表明自己入团的愿望，使团组织了解自己的入团动机，掌握自己的思想情况，便于团组织的考察、教育和培养。因此，写入团申请书必须实事求是，态度要真诚，语言要朴实，同时注意抓住重点，篇幅不要过长。

三、预备党员转正申请书的写作方法

预备转正申请书是预备党员在预备期满，向党支部提出的转为正式党员的请求性文书。

预备转正申请书由标题、受文组织名称、正文、署名和日期构成。

标题通常写"转正申请书"五个字，写在第一行居中位置。

受文组织名称。写"敬爱的党支部："或"党支部："写在标题下一行，顶格写。

正文通常包括三方面内容：1.提出转为正式党员的请求。说明本人被批准入党的时间，预备期满的时间，郑重地向党组织提出转正申请。2.本人在预备期的表现。如实说明自己在预备期间，接受党组织教育管理的情况、政治理论学习、思想锻炼、党性修养、履行党员义务、完成党组织交给的任务、遵守党的纪律、发挥党员的先锋模范作用所做的努力和取得的成绩，还有哪些缺点和不足；在哪些方面加深了对党的认识；党组织和党员在讨论自己入党时所提出的缺点，在预备期间是否改正，以及其他需要向党组织说明的问题。3.今后的努力方向。根据本人在预备期的表现，特别是针对存在的缺点和不足，提出今后的努力方向。表明本人对能否按期转为正式党员应抱的态度和决心。

署名和日期。署名写在正文右下方。一般写"申请人：×××"，署名下方写日期。

　　预备党员转正申请书写作应注意两点：一是必须实事求是。不能为了能够
按时转正而文过饰非，说假话。二是文词力求简练具体。多谈实际情况和具体
表现，少讲抽象认识和理论阐述。篇幅不宜过长，意明为止。

例文：

入党申请书

敬爱的党支部：

　　我是入伍一个多月的新战士。我在上初中时加入了共产主义青年团，并曾
担任团支部书记。那时我就立下了两大志愿：一是加入中国人民解放军，二是
加入中国共产党。现在我的第一个愿望实现了，光荣地成为中国人民解放军的
一员。短短的军营生活，不仅使我了解到我军的光荣历史和使命，同时使我更
深刻地理解了我军是党领导的人民军队的深刻含义。没有共产党就没有我们的
军队。要当好一名军人，就必须自觉服从党的领导。只有在党组织的培养和教
育下，才能更好地成长和进步。为此，我郑重申请加入党组织，并决心为实现
党的奋斗目标而奋斗终生。

　　中国共产党是用马克思列宁主义、毛泽东思想、邓小平理论、"三个代表"
重要思想、科学发展观和习近平新时代中国特色社会主义思想武装起来的中国
工人阶级的先锋队，同时是中国人民和中华民族的先锋队，是中国特色社会主
义事业的领导核心，代表中国先进生产力的发展要求，代表中国先进文化的前
进方向，代表中国最广大人民的根本利益。党的最高理想和最终目标是实现共
产主义。

　　自从中国共产党诞生之日起，就肩负起使中华崛起、使劳苦大众翻身解放
的历史使命。经历第一次国内革命战争、第二次国内革命战争、抗日战争、解
放战争，中国共产党领导中国各族人民终于推翻了压在他们头上的三座大山，
成立了新中国。新中国成立后，我党顺利地进行了社会主义改造，完成了从新
民主主义到社会主义的过渡，确立了社会主义制度，发展了社会主义的经济、
政治和文化。社会主义现代化建设取得了举世瞩目的成绩。特别是十一届三中

全会以来，党领导中国人民开创了社会主义现代化建设新时期，使中国面貌日新月异，经济繁荣，社会稳定，人民安居乐业，人民生活水平达到了"小康"，国民经济、综合国力正以令世人震惊的速度向前发展。事实证明：只有中国共产党，才能够救中国；只有中国共产党，才能够领导中国人民不断从胜利走向胜利。中国共产党无愧于一个伟大的光荣的正确的党。

通过对党纲、党章、党史及有关文件的学习，我对中国共产党的性质、任务等有了更加明确的认识，理论水平有了更进一步的提高。但是，我深知自己目前离党员的条件和标准还相差很远，不过我有决心积极创造条件，用党员的标准严格要求自己。认真学习党的创新理论，拥护党的路线方针政策，自觉在思想上、政治上和行动上与党中央保持高度一致。积极完成组织交给的各项工作任务，努力学习政治理论，苦练军事技术，做又红又专的优秀军人。如果党组织经过严格审查批准了我的神圣请求，我将更加严格要求自己，在党组织中积极工作，执行党的决议，遵守党的纪律，按时交纳党费。坚持党和人民的利益高于一切，模范行使党员权利，发挥党员的先锋模范作用。如果组织未批准我的入党请求，我将继续努力，继续学习党的基本理论和基本知识，继续向党组织靠拢，积极向组织汇报个人的思想，在工作、学习及生活中争当模范，做好本职工作，努力创造条件，争取早日加入党组织。

请党支部和全体党员同志看我的实际行动吧！

申请人：张向党

20××年×月×日

56

第 56 讲　聘请书写作

聘请书，又叫聘书，是聘请外单位的某位同志担任本单位某项职务或者承担某项工作时而使用的一种专用文书。

聘请书由标题、称谓、正文、结语和落款五部分组成。具体写法如下：

聘请书的标题有两种形式：一种是只写文种，如"聘请书""聘书"。另一种是单位名称加文种，如"××中学校外辅导员聘请书"。

称谓要顶格写，写被聘请者的姓名和相应的称呼。如果被聘请者姓名放在正文中写，则可不单独写称谓这部分。

正文应写明聘请的原因、担任的职务、从事的工作和工作对象。根据需要还写明聘期、被聘者的工作权限、待遇以及向被聘请者提出的希望等。

结语一般写"此致敬礼""不胜感谢"等表示敬意和致谢的词语。

落款写明发聘书的机关和发聘书的日期，并加盖单位公章。

聘请书写作的基本要求是：一是内容交代要清楚。二是语气要庄重和善。三是一般以单位的名义发送，要符合行文的格式要求。

例文：

聘请书

马英同志：

为深入研究新形势下治校的特点和规律，我院于本月 28 日召开专题理论研讨会，并进行论文评奖活动，特聘您担任评委会委员，望得到您的帮助和支持，我们将不胜感谢。

××管理学院

20××年×月××日

第57讲　邀请书写作

　　邀请书，是邀请单位或个人参加某种活动的一种专用文书。邀请书由标题、称谓、正文和落款组成。具体写法如下：

　　邀请书的标题写在第一行的居中位置，通常写"邀请书"三个字，比正文的字体要稍大一些。

　　称谓写在第二行，顶格写。被邀请的个人要带职务，并且写尊称，称呼后面加冒号。

　　正文要分段写明开展活动的目的、名称、时间、地点和邀请语。有附加说明的内容也可以写在后面或者另附一页写在后面。

　　落款主要是写明发文机关和发文日期，并加盖单位公章。

　　邀请书写作要做到文字准确，语言热情，行文简洁明了，不用含混和易引起歧义的言词。

例文：

邀请书

×××同志：

　　为欢度中秋佳节，我校于×月×日晚上7点至9点在校大操场举行联欢晚会，特邀请贵校师生参加联欢。望届时参加为盼。

    此致

敬礼！

                                 ×× 中学

                           20××年×月××日

第 *58* 讲　请柬写作

请柬又称请帖，与邀请书属同类文书。是庆祝活动、典礼、纪念活动、宴会、晚会、交流会等组织者、当事人，向被邀请单位、团体、家庭或个人发出的特约性文书。

写请柬一般不用信纸，它是预先印制的对折的硬纸卡片。封面上有印好的"请柬"二字。内文由称呼、正文、落款和时间构成。

称呼顶格写被邀请者（单位或个人）的名称或姓名。有的请柬把名称或姓名写在中间。

正文写明活动内容、时间、地点。如果是观看演出等活动，还应把入场券等凭证附上。结尾写"恭请光临""敬请莅临""欢迎指导"等。

落款和日期写明发出请柬的单位或个人的名称、姓名，另起一行写发出请柬的日期。

发请柬是为了表示对对方的尊重、礼貌，因而写请柬，语言要简洁、明确，措词要得体、文雅、热情。字体大小要适中，字迹要清楚，不可潦草和模糊。

例文：

请　柬

××同志：

我们定于×月×日举行结婚典礼，上午 11 点，于迎宾宾馆设便宴招待宾客，望届时光临。

×××

×××敬邀

20××年×月××日

请　柬

（图案）

×××同志：

　　为欢庆新春佳节，定于2月13日（农历大年三十）晚7时在我校

礼堂举行"迎新春文艺晚会"，恭请光临。

×××××学校

20××年×月××日

第 *59* 讲 介绍信写作

介绍信，是由委派单位或部门书写，由被派遣人员携带，交接洽单位或个人，作为联系工作、洽谈事项、调查情况、转换关系的凭证性信件。常用的有普通介绍信、外调介绍信、住宿介绍信、行政介绍信、组织介绍信等。

介绍信一般由标题、称呼、正文、结尾和署名几部分组成。具体写法如下：

介绍信的标题写在第一行的居中位置，写"介绍信"三个字，字体一般比正文字体要稍大些。

称谓要顶格写接洽单位、部门的名称或个人的姓名、尊称，后面加冒号。

正文部分先介绍持信人的姓名、性别、年龄、身份和一同前往的人数。外调介绍信还要介绍持信人的政治面貌。而后简明扼要地说明要联系或接洽的事项。最后对接洽单位提出希望和要求。

结尾通常写"此致敬礼"，"敬礼"要顶格写。

在右下方，写本单位或部门的名称并加盖公章。日期写在署名的下方。

另外，以组织的名义发出的介绍信有的是统一印制的。这种介绍信分为存根和发文两部分。存根部分印有固定文头和编号，并印有事由、单位、批准首长、承办人、承办日期和备注等栏目。发文部分印有发文机关标识、编号正文固定内容、落款和日期等。只需把有关内容填写在栏目中和空格处就可以了。统一印制的介绍信实际上是把有关共性的内容固定化而已，在发文结构和写作要求方面与临时写的介绍信是完全一致的，但写起来更为简便和规范。

例文：

介绍信

××省政协办公厅：

　　兹有我社干部高志强、王英两位同志，前往贵处联系文史资料编辑出版事宜，请予接洽为盼。

　　此致

敬礼

中国文史出版社

20××年×月×日

第 *60* 讲　表扬信写作

　　表扬信，是以单位或者个人的名义，对集体或个人的高尚风格、先进思想、先进事迹进行赞扬和表彰的一种专用文书。表扬信一般是寄给被表扬者个人或个人所在单位，有的寄送被表扬者上级主管机关。必要时，还在适当处进行张贴，或者寄给电台、电视台、报刊等新闻媒体，进行播出或刊登。

　　表扬信由标题、称谓、正文、结语、署名和日期组成。具体写法如下：

　　表扬信的标题写在第一行的居中位置，通常写"表扬信"三个字，比正文的字体要稍大一些。

　　称谓写在第二行，顶格写。写被表扬单位、集体名称或个人姓名。可以根据需要适当加上称呼，如"同志"等字样，后面加冒号。

　　正文应当另起一行，空两格写起。一般写三层意思：一是交代表扬的缘由，即把被表扬者的事迹简明扼要地叙述清楚，要写明被表扬事件的时间、地点、人物、经过、有关数字等。二是在前面叙述的基础上加以适当的议论，对于被表扬者的可贵品质给以热情颂扬。三是表明向被表扬者学习的态度。如果表扬信是写给被表扬者所在单位或领导的，可以提出建议，如"×××同志的优秀品德值得大家学习，建议予以公开表扬"等等。

　　结语一般是写上表示祝愿的词语，如"此致敬礼""祝好""向你学习"等。有的表扬信也可以不写此类言词，而是写上诸如，"希望……""建议……"之类的内容。

　　表扬信要签署单位名称（加盖公章）、集体名称或个人姓名。日期写在署名的下方。

表扬信虽然不属于正式公文，但其影响面是比较大的，因此写作中一定要做到事实准确无误，不得任意夸大和虚构，评价要公允，赞扬要恰当；态度要亲切，语言既要热情，又要朴实。篇幅要简短精练。

例文：

表扬信

××陆军学院××中队党支部：

贵队学员××同志在我连实习期间，任一班代理班长。他积极带领全班出色地完成了上级赋予的各项工作。他所在班由于新战士多，文化程度相对较低，军事技术基础比较薄弱。他迎难而上，一方面把军校学到的军事知识毫不保留地向战士传授，一方面组织全班强化军事技能训练，还利用业余时间辅导战士学习科学文化知识。在他的带领下，全班同志训练热情很高，军事技术提高很快，在最近连队组织的竞赛中，一举夺得军事技能第一名。他还积极组织全班参加连队的政治教育，并热情做战士的思想工作，经常找战士谈心，做后进战士的思想转化工作，并收到明显的效果。他助人为乐，战士刘明病了，他端饭端水到床前；战士高晓强家中遇到水灾，他主动捐款。从××同志身上，我们看到了贵院的优良作风，××同志不愧为新一代的军校大学生，不愧为共产党员。××同志在我们连虽然只有短短的一个多月，但给我们留下了深刻的印象，大家表示要向××同志学习，做新一代的优秀青年军人，为我军"打得赢""不变质"做出积极的贡献。

步兵第××团一营三连党支部

20××年×月×日

第61讲　感谢信写作

感谢信是以单位或者个人的名义，对有关单位、团体或个人给予的帮助、支援、关心表示谢意的专用文书。感谢信具有致谢和表扬的双重作用，既可使对方受到鼓励，也可使群众得到启发和教育。感谢信可寄给被感谢者个人或个人所在单位，有的可寄送被感谢者上级主管机关。同表扬信一样，有的感谢信还可在适当处张贴，或者寄给电台、电视台、报刊播出或刊登。

感谢信结构同表扬信基本相同，由标题、称谓、正文、结语、署名和日期组成。具体写法如下：

标题用比正文字体稍大字体在第一行居中位置书写，通常有两种写法：一种是只写"感谢信"三个字。另一种是致谢对象加文种，如"致×××的感谢信"。

称谓写在第二行，顶格写。写被感谢单位、集体名称或个人姓名。写给个人的感谢信应加上称呼，如"同志""先生"等，以表示尊敬，后面加冒号。

正文主要写三方面内容：1.具体说明于何时、何地得到被感谢方哪些关怀、帮助或者支援，效果如何。2.概括说明对方的好思想、好作风，并热情赞扬对方的高尚品质和可贵精神。3.向对方表示谢意和向对方学习的态度与决心。

结语通常写再次感激的话，如"再次表示谢意，并致以最崇高的敬礼""此致敬礼"等。

署名写在正文的右下方，写明写信的单位名称（加盖公章）、集体名称或个人姓名。署名下方写日期。

感谢信写作的基本要求是：第一，感情要真挚，要以诚恳、热情和朴实的语言表达对对方感谢的真情实感。第二，叙述要清楚，要把对方的先进事迹和优秀品德一一明白地陈述出来。第三，评价要恰当，赞扬要实事求是，恰如其分。第四，态度要明确，要表明自己向对方学习的态度，同时号召大家向对方学习。

例文：

<h1 style="text-align:center">感谢信</h1>

平湖市圣雷克大酒店：

政协第十三届平湖市委员会第五次会议已圆满结束。本次大会的顺利举办，离不开贵酒店全体员工的大力支持、精心准备和细致安排！贵酒店热情周到的服务，精准高效的保障，充分展现了整个团队的业务素质、工作水平和精神风貌，给全体政协委员及列席人员留下了深刻的印象。

我们感动于贵酒店严格按照《"两会"新冠肺炎疫情防控方案》要求，全面落实闭环管理各项细节；感动于会务部、餐饮部和客房部的全体员工克服工作人员数量少、工作量大等重重困难，依旧热情服务每一刻、优质服务每一天；感动于你们特别策划的元宵节活动，让全体与会人员感到家的温暖；感动于贵酒店郑春红总助的敬业精神，她帮助协调各类工作，积极配合我们工作人员，努力协助解决各类问题，会议期间甚至住在办公室，工作兢兢业业、一丝不苟。

再次衷心感谢贵酒店执行总经理张文利女士及全体员工对此次大会的倾力付出和倾情奉献！祝贵酒店生意兴隆、事业辉煌，祝全体员工工作顺利、身体健康、万事如意！

特此致信。

大会秘书处
平湖市政协办公室
2021 年 2 月 27 日

第 *62* 讲　慰问信写作

　　慰问信，是以组织或者个人的名义，向在某个方面做出特殊贡献或是遇到意外事故、损失的集体、同志、亲友关怀致意或者在节日里向对方致以问候的专用文书。

　　慰问信由标题、称谓、正文、结语、署名和日期五部分构成。具体写法是：

　　慰问信标题有两种写法：一种是只写"慰问信"三个字。另一种是致谢对象加文种，如"致×××的慰问信"。标题写在第一行的居中位置，比正文的字体要稍大一些。

　　称谓写在第二行，顶格写。写被慰问单位、集体名称或个人姓名。如果写给个人的要加上"同志"等称呼，后面加冒号。

　　正文应当另起一行，空两格写起。一般写三层意思：一是说明写慰问信的背景、原因。二是根据慰问信的性质、目的和对象，或颂扬、表扬对方的功绩和精神，或对对方的不幸与辛劳表示安慰、关怀和体恤。三是热情地向对方提出希望。

　　结语应根据慰问信的不同性质，选取不同的内容。赞扬功绩性的慰问信，多以向对方学习，顺致敬意或祝愿取得更大成绩方面的言语作结尾；表示同情鼓励的慰问信，则常以祝福健康等词语结尾，有的慰问信也可以"此致敬礼"等语结尾。

　　署名写在正文的右下方，应写明发出慰问信的单位名称（加盖公章）或个人姓名。署名下方写年月日。

　　慰问信写作应做到：感情真挚，语言朴实，态度诚恳，针对性强，少说大话套话，篇幅精练。

例文：

慰问信

××省抗洪抢险指挥部：

　　我们从广播、电视中得知，贵省××江流域爆发特大洪灾，洪峰威胁着省会××市，附近区县村镇、农田被洪水淹没，人民群众的生命财产受到损失。我部全体指战员向你们并通过你们向所有奋战在抗洪第一线的同志们表示亲切的慰问！向遭受损失的群众表示深切的同情！

　　××省人民是具有光荣传统的英雄人民，在这次抗洪斗争中军民的英雄壮举充分显示了贵省人民人定胜天的伟大气魄。相信一定能在党中央、国务院的亲切关怀下，在贵省政府和你们的直接指挥下，军民定能团结奋斗，排除一切困难，保住大堤，战胜洪水。

　　现寄上人民币×××××元，衣物×××件，捐赠灾区人民，以表我们的一点心愿。一旦需要，我们将奔赴抗洪第一线和你们并肩战斗。

　　祝愿你们取得抗洪抢险的全面胜利！

中国人民解放军×××××部队

20××年×月×日

第 *63* 讲　喜报写作

喜报是向上级领导机关或向所属单位人员以及家属报告喜讯的一种文书。喜报有两种形式，一种是统一印制的，一种是临时书写的。

喜报由标题、称谓、正文、结尾、署名和日期几部分组成。具体写法如下：

标题用较大字体写在第一行的正中位置，写"喜报"二字。

称谓顶格写接收喜报的单位、部门的名称或个人的姓名、尊称，后面加冒号。

正文部分要根据不同喜报的性质和类型书写，主要有三种情况：一是某一单位完成了某项重大任务，取得了显著成绩，或有了某种创造发明，向上级机关报告的喜报。这种喜报要写明新成就、新胜利的主要内容、作用或价值及取得新成就、新胜利的原因，最后表明继续努力，乘胜前进的决心。二是个人在工作中做出了突出成绩，立功、授予荣誉称号、评为先进模范人物后，单位向其家庭发出的喜报。这种喜报一般只写明在某年度或某项工作中取得了什么成绩，获得了什么称号、荣立几等功或被评为什么先进模范人物。三是个人以实际行动响应上级的某种号召，被组织批准后向其家属或本人报喜的喜报。这种喜报只写明响应什么号召，说明已经被批准，并向其报喜。

喜报通常以"此致敬礼"或"特此报喜"作为结尾。

署名写在正文的右下方，写发出喜报的单位、机关或部门的全称并加盖公章。日期写在署名的下方。

喜报写作的基本要求是：一是不要滥用。无论是向上级机关、人民群众，还是向干部、职工以及家属写喜报都要按照有关规定，应该写的写，不应该写的不写，不能不管大事小事，随便写喜报。二是内容务必真实，切不可杜撰和弄虚作假。写作时要做到严肃认真，实事求是，切忌浮夸。无论是战果还是成果，有一说一，有二说二，不得夸大，更不能瞎编乱造，无中生有。三是行文要流畅、简洁、朴实，用语力求言简意赅。要力戒空话、套话，力戒繁杂冗长，做到简短、明确。

例文：

喜 报

×××家长同志：

　　×××同志认真学习军事高科技知识，积极参加军事训练改革，努力钻研，刻苦练就过硬的军事技术，并在部队最近组织的训练尖子比武中，取得了优异成绩，荣立三等功。特此报喜！

中国人民解放军×××××部队政治工作处

20××年××月×日

64

第 *64* 讲 消息写作

消息属于新闻的范畴。消息是对所发生的、重要的、有意义的、能引起广泛兴趣的事实进行迅速、简明的报道。消息分为动态性消息、综合性消息、评述性消息、经验性消息等多种类型。消息具有真实、简短、新颖、快速等特点。

消息一般由标题、导语、主体、背景、结尾等五个方面组成。

标题分引题、正题和副题。正题是用来揭示消息的主要内容，引题对正题起引发、烘托作用，副题则是补充、解释主题的。一篇消息可以有引题、正题和副题，也可只有正题和引题或副题，还可以仅有正题，而无引题和副题。

导语是消息的第一句话或第一个自然段落（有的甚至不止一段），是用最简明的语言把消息的基本的、核心的内容告诉读者。

主体是消息的主要部分。是对报道的事实作具体的叙述和进一步的说明。

背景材料，是指事件发生的历史条件和环境的材料。

结尾是消息的最后一句话或最后一段文字，一般是指出事物发展的趋势或对报道内容作概括式小结；也可以用激励、启发性的语言，给人希望，发人深思，催人振作。但并非每一篇消息都必须有以上这几部分。根据内容需要，可以有的没有导语，有的没有背景，有的没有结尾。特别是简讯，更不要求这种结构的完整性。

消息写作的基本要求：一是事实准确无误，不虚构、夸大、缩小。二是文字简练，要善于从纷纭复杂的事实中，提出最主要的精彩之点，不说与主题无关的废话。三是以最快的速度报道最近发生的事。四是不拘一格，不要老一套，老框框，老面孔。五是针对性强，有的放矢，针对现实生活中的问题，帮助读者正确认识现实，提高觉悟，增长知识。

例文：

改会风　正文风　树新风

某部加强作风建设效果明显

本报消息　黄勤生、吴鹏遥、李赟报道：新年伊始，某部将学习中央"八项规定"、军委"十项规定"的成果转化为部队风气建设的生动实践，在转变会风、文风和学风上收到较好成效。

他们将少开会、开短会作为改进会风的突破口，明确规定可开可不开的会一律取消，能书面、电话通知的不集中开会；必须开的会，上、下午的会"拼盘"开，相同议题的会合并开；一般性质或业务会议，分管领导和相关人员开会即可，不搞层层"陪会"。会议数量虽然减下来了，但质量、效率明显提高。

他们着力改进文风，提倡会议发言开门见山、直奔主题，不讲开场白、客套话；讲问题一针见血，不用"少数人""部分同志"等模糊概念；要求工作总结和调研报告"少讲成绩，多谈问题；少讲虚话，多谈实事；少讲设想，多谈办法"，以好的文风推动工作落实。

他们还针对部分官兵存有"学习体会字数越多理解越深、篇幅越长水平越高"等错误认识，引导官兵结合实际搞好理论学习，撰写心得体会，坚持学以致用，用以促学。在不久前召开的十八大精神学习体会月度交流会上，官兵发言长的四五分钟，短的只有寥寥几句，话语朴实，抒发了对党的真挚感情，进一步加深了官兵对十八大精神的理解把握。

（原载《战友报》2013年1月18日第1版）

65

第 *65* 讲　通讯写作

通讯是细致生动地报道典型人物、典型事件的新闻文体。通讯同消息同属新闻体裁，除具有新闻文体所共有的真实性、针对性和时效性的特点之外，还具有叙述的完整性、内容的广泛性、表达手法的多样性等特点。通讯在报道新闻事实时，完整地展示它所报道的人物和事件；具体地报道典型人物和工作经验；在以叙述和描写为主要表达手段的同时，还运用议论、抒情和说明等表达方法，形式灵活，不拘一格。

依据不同的分类标准，通讯可分为多种类型，主要有人物通讯、工作通讯、事件通讯等。

人物通讯是以人物为报道的主体的通讯。写作中侧重对典型人物的成长过程、重要经历作具体深入的报道。有的通过描叙人物的某一生活侧面，揭示人物的美好心灵；有的通过描绘几个精彩的、激动人心的场面，展现人物的崇高思想。

工作通讯又叫经验通讯。通常要较详尽地报道某一位的某项工作的主要做法、突出成绩和成功经验。并从理论和政策的高度加以概括说明，使报道的内容既有特殊意义，又有普遍指导意义和示范作用。

事件通讯以写事为主体。侧重报道现实生活中发生的有着深刻思想意义的典型事件，并通过报道发掘典型事件蕴含的时代精神。

通讯由标题、署名和正文构成。

通讯写作的基本要求是：一要深入调查采访，通过调查研究，认识事物的本质，了解矛盾的各个方面。二是善于发现和掌握典型，通讯报道由典型材料组成。三是反复提炼深化主题，要体现时代精神，要注重选取新角度，新立意、新材料、新观点。四是要善于运用多种表达方式，优秀的通讯，不仅要求记述的生动性，还要适当运用描写、抒情和议论等多种表达方式，来增强文章的形象性和感染力。

例文：

圆梦天使

这天，已近午夜时分，但白求恩和平医院干部病房四病区离休干部李春祥病房里的灯还在亮着，病区的徐若华主任还静静地守护在老人的身旁，等到老人入睡后，她才悄悄离去……

李春祥是北京军区联勤部石家庄第一干休所离休干部，今年已88岁高龄。老人同时患有冠心病、高血压、脑梗塞、青光眼等多种疾病。这是第几次住院他自己已经记不清了。每次住院他都怀着一个同样的梦：转危为安，康复出院。而每一次都是和平医院的白衣天使圆了他的康复之梦。然而，最使老人和他的家人难忘的是最近的一次圆梦。

老人完成骨科手术后，出现了肺部感染、心梗、心衰等重症合并症，转入干部病房四病区时，发热持续不退，肺部感染难以控制，心脏和脑血管情况也不乐观：心率快、射血分数低、血压高……面对复杂病情，徐若华主任以高度的责任感和精湛的医术承担起挽救老人生命的重任。她每天数次来到老人身边，仔细观察病情变化，有时到深夜也不离去，按需进行各项检查、化验，认真研究病历资料，在较短的时间内作出了正确判断：老人当时发热的主要原因不是细菌感染，而是由于新一轮上呼吸道感染引起，并迅速采取措施，很快控制了老人的体温，避免了继续使用抗生素可能造成真菌感染的严重后果。

为了摸出老人病情变化的规律，控制好血压，改善心功能，徐若华主任又放弃了周末和晚上的休息时间，有时为了确定一粒药的增减和用药的最佳时间，她不厌其烦地多次调整方案，直到达到满意的效果为止。为了提高老人战胜病魔的信心，徐若华主任每次查房都微笑着鼓励和安慰老人及其家属，使老人感到温暖，增强了重新站起来的决心。在徐若华主任的精心治疗下，李春祥老人奇迹般地康复了。出院之际，老人和家属满怀深情地给医院写了感谢信。信中说，"徐若华主任扼守的：对重症患者要尽全力挽救生命，对较轻患者要尽快让其康复的为医之道；要对得起患者及其亲属的信任，只要对病情有益，就不怕承担风险的高尚医德；以及对医术精益求精的高度责任感，都让我们深深地感动和敬佩！"感谢信中并请求医院领导："对徐若华主任的事迹进行表彰和弘扬！"信中写道："这样的好医生才能让离休干部们住院安心、治病放心，让白求恩精神得到发扬光大！"

离休干部王兰玉因脑血栓复发住进了干部病房四病区，由于长期卧床引发了肺部感染，高烧到39℃以上，连续十多天不退烧，没有呼吸、没有血压，已经下了病危通知。在这种情况下，四病区医护人员没有放弃对王兰玉的救治，在徐若华主任的带领下，全体医护人员共同努力，采取了一系列有针对性的治疗措施，使王兰玉转危为安。王兰玉的老伴给医院党委写了感谢信，信中写道："徐若华主任非常敬业，不辞劳苦，每天早上班晚下班，很晚了还在办公室研究病例，到病房巡诊。她为人坦诚，工作细致、果断，柔中带刚，对病人全心全意，她用自己出色的工作和真诚付出，给了我们希望和温暖，因为她的努力，使我老伴多次从病危中脱离危险，创造了生命的康复奇迹，我老伴能恢复到现在好多人为之惊叹。"

徐若华主任及其所带领的团队，就是这样以对患者极端负责的白求恩精神，圆了一个个高龄患者健康长寿之梦。她们强烈的军魂意识和使命感受到广大患者的一致高度评价，她们爱岗敬业，无私奉献，无愧于白衣天使这个称号，不愧为白求恩的传人。

（本例文作者：和华）

第 *66* 讲　专访写作

　　新闻专访是专门记述访问某一具有特定新闻价值的人物、事件、问题和概貌，并为某家新闻单位所采用的新闻体裁。它具有新闻性、知识性、文学性、趣味性等特点。新闻专访取材广泛，内容丰富，形式多样，它可以采用谈话的形式，一问一答，也可以像写消息那样简洁明快地表述，更可以用议论、描写、抒情等文学手法，像通讯、特写、报告文学乃至散文、随笔那样，来写人、叙事、阐述问题、描述概貌。新闻专访分为人物专访、问题专访、事件专访、概貌专访等多种类型。

　　新闻专访基本结构由标题、署名和正文构成。不同类型的专访写作要求有所不同。

一、人物专访

　　人物专访是对某一个人或某一群体的专门访问。它通过"访"人，表现出人物具有特定意义的先进事迹和精神境界。人物专访写作要注意以下四点：一是要体现"专"的特点。要紧密配合形势，抓住社会生活中最中心、最关键的问题，选择最有代表性的采访对象及其特殊事迹，进行最迅速及时的报道。二是以被访者谈话为主要内容。专访写作要求有一定的现场描写和背景材料的精当巧妙穿插，但是要突出专访的特点，要把被访者的谈话作为主要内容。三是用好人物的典型事迹材料。专访要在较短的篇幅内，鲜明地表现人物，这就需要用好人物的典型事迹材料，用凝练的笔墨把人物的形象和思想表现出来。特别要注意把握人物的个性特征。四是要注意展示人物的精神世界。专访写人要求有深度，不仅要写人，而且要在写人中，展示被访者的精神境界。写了思想，人物才能"活"起来，才有感染读者的力量。因此，要用人物的行动体现人物的思想，用人物富有特征的语言来表现人物的思想境界，用时代背景去衬映人物的精神境界。

二、问题专访

问题专访是作者就某个特殊意义的问题，请有关特殊人物或权威人士加以解答。与人物专访不同的是访问对象不一定是模范人物、先进人物、英雄人物，而应是在读者心目中有权威性或有特殊影响的人士。解答问题的这些人，应是某一事件的主持者、当事者或目击者，某一主张的提出者、追随者或某一思想的体现者，或一度处于舆论中心的人物。用"权威人士"所谈的专门性问题启发读者，给读者以知识或开拓读者的视野，引发人们的思辨活动或给人解难释疑。问题专访写作要注意以下三点：一是要着眼于对问题的探讨。问题专访所反映的问题要有深度，要带有研究性、启发性和探讨性，要能激起读者的广泛兴趣，能帮助读者认识新的问题。二是深挖主题，抓准矛盾"焦合点"，写出深度。问题专访要写得有特色，引起读者关注，就要重视抓矛盾焦合点"，使其产生震撼力。三是要用事实说话。用事实说话，是专访写作中的一个基本方法。事实胜于雄辩，只有用事实说话，专访的观点和宣传意图才能被读者接受。

三、事件专访

事件专访是以记叙事件为主的专访。它是记者带着明确的专门的目的，通过特定人物采访某一具有特殊新闻价值的事件。事件专访写作的基本要求有以下几点：一是要再现事件原貌。事件专访主要写事，所以，我们在写作时，首先要考虑到，我应告诉读者的是事件的真实面貌。二是要有鲜明的主题。事件专访以写事为主，但是要避免事事俱现，记流水账，或者事件交代含糊，观点不清，主题不明，而且要认真考虑其事件的现实意义、历史意义和对今后的影响，要有教育意义。三是要写好关键人物，以人显事。事件专访虽然是"访"出事件，但不能孤立地记事。"事因人生"，事与人很难分开。要生动形象地再现事件真相，也要注意写与事件有关的人物，以人显事。当然，在事件专访中，用人显事，写人必须适可而止，不能喧宾夺主，一定要起服务于事的作用。

四、概貌专访

介绍具有特殊性的单位概况、地方风貌的新闻专访叫作概貌专访。其任务是报道具有特殊意义和特定新闻价值的概貌风物。它可以报道一个地区、一个单位、一个部门、一个点、一个方面发展变化的新气象、新面貌，展现时代的进步、社会的发展和人的精神风貌；也可以介绍人们所关心或引起读者广泛兴趣的地方风貌，开阔读者眼界，增长读者知识；也可以借访历史文物、名胜古迹，陶冶读者思想情操，产生积极的教育影响。甚至还可以披露某些有问题的风物，以引起人们的警觉。概貌专访写作要把握以下几点：一是抓特点，突出新闻性。在写作时，要注意发掘所访概貌风物的特点，抓个性的东西，突出其新闻性，使读者对所访对象既有"概貌"了解，又有较深刻的认识，读后有深刻印象。二是深开拓，突出思想性。采写概貌专访的目的，是为了通过对概貌或风物的生动描写，来引导人们认识事物，从"概貌"看发展，由发展变化，体现时代精神。三是缘物寄情，凸显特色。写作中要始终注意笔下带有感情，去表达对新事物、新形势、新变化和对概貌风物的思想感情，把感情寄托于被访对象，缘物寄情，寓情于物，寓情于景，寓情于事，寓情于人，做到情文并茂，从而感染读者，打动读者，教育和鼓舞读者。

例文：

"军人生来为战胜"

——专访中国军事五项队队长王恋英

本报记者　宋　歆　刘化迪

曾多次获得世界军事五项团体和个人冠军的我军名将王恋英，作为中国军事五项队队长，第一次带队出征世界军人运动会。在今天中国队完成夺取4金的壮举后，记者专门就此与她进行了对话。

记者：赛前队里曾经制定了夺取3金的计划，今天应该说已经超额完成任务？

王恋英：我们是14日晚12点抵达选手村的。当晚，由于选手村组织者的原因，队员们迟迟未能入住，直到第二天中午12点才安顿好。几乎没有调整和适应场地的时间，队员们就开始进行比赛。能取得今天这样的成绩，队员非常不容易。

记者：从目前的比赛来看，很多队员都有超水平发挥，你如何看待？

　　王恋英：军人生来为战胜，此时不拼何时拼。在这次比赛中，队员们发挥得都很顽强。有了意志品质作保障，有了平时扎实的训练作基础，有了代表团强大的支持作后盾，就一定会有好的发挥。像何树感这样的老队员都在长成绩，投弹投准项目，平时是 120 环刚出头的成绩，这一次打了 128 环，射击以往一般不超过 191 环，这一次打出了 193 环。正是老将新秀的出色发挥，才会让我们目前摘取 4 金。

　　记者：这些年来，关注军事五项的人越来越多，会不会有压力？

　　王恋英：自建队以来，各级组织、领导都很关心这支队伍的发展建设。近年来，军事五项队的社会影响力更是不断加大。在我们看来，这是促进我们取得更多荣誉的动力。教练队员都有这样一种想法：军事五项队的光荣战绩，绝不能在我们这一代人手里中断。这么一想，训练比赛起来就会更有动力。

　　（本例文选自《解放军报》2011 年 7 月 23 日）

第*67*讲　特写写作

　　特写，是从消息和通讯中派生出来的一种报道形式，是运用电影中的特写镜头的表现手法，生动、形象地描绘人物或事件富有特征的瞬间，给读者留下强烈而深刻的印象。

　　特写具有片段性、集中性、细腻性的特点。特写的片段性表现：特写与消息一样都简要和迅速地报道新闻事实，但是消息往往择要地报道新闻事件的全过程，而特写往往抓住新闻事件中富有特征的片断，浓笔展开。特写的集中性表现在：特写与通讯一样都重视运用形象思维，生动而形象地报道新闻事实，但是通讯向人们展示新闻事实的纵断面，而特写则是充分地展示新闻事实的横断面，特写比一般通讯写得集中。特写的细腻性表现在：特写是将新闻片段进行"放大"展示，注重把细节表现得淋漓尽致，生动地反映新闻事实最突出的一个"镜头"。

　　特写由标题、署名和正文构成。标题要简短、新颖、准确。署名在标题下方书写。正文写作要注意以下几点：

　　1. 选准对象，精雕细刻。特写的写作对象只是新闻事实中的某一个片断、某一个情节。如何在整个新闻事件中精中选萃，是特写写作的首要环节。特写一是要选具有本质性的、具有新闻价值的"镜头"；二是要选取具有重要意义的、新鲜的、为人们所关心的新闻事实的片断、镜头、瞬间。选准了对象，抓住了最佳"镜头"，写作就有了目标，有了中心，就可以围绕中心和目标，加以精雕细刻，细致描绘。

　　2. 抓住特点，以少胜多。特写只需择取一个片断、一个镜头，或者选取一瞬间，作细致突出的描绘，因此，格外需要抓住人物和事物的特点，以便给读者留下鲜明的印记。抓住了人物和事物的特点，往往能收到文字少、容量大、以一顶十、以少胜多的效果。

3.动态鲜活，形象生动。特写写作要捕捉人物、事物的动态、动势，给读者留下生动的形象。

4.注入情感，抓住高潮。特写中要渗透作者自己的感情。情能感人。特写作者无论把镜头对准哪里，都要表情达意。要善于把人的喜怒惊思忧悲恐的感情恰到好处地表达出来，让情融于事中，使情满而不溢。写特写还要善于抓取新闻事件的高潮部分，把它写细写透。为此，作者对高潮部分要观察入微、思考入微，特写要注重展现高潮部分丰富而生动的材料。

例文：

"飞天"凌空——跳水姑娘吕伟夺魁记

樊云芳　夏浩然

她站在10米高台的前沿，沉静自若、风度优雅，白云似在她的头顶飘浮，飞鸟掠过她的身旁。这是达卡多拉游泳场的8000名观众一齐翘首而望、屏声敛息的一刹那。

轻舒双臂，向上高举，只见吕伟轻轻一蹬，就向空中飞去。有一瞬间，她那修长美妙的身体犹如被空气托住了，衬着蓝天白云，酷似敦煌壁画中凌空翔舞的"飞天"。

紧接着，是向前翻腾一周半，同时伴随着旋风般的空中转体三周，动作疾如流星，又潇洒自如，1秒7的时间对她似乎特别慷慨，让她从容不迫地展示身体优美的线条，从前伸的手指，一直延续到绷直的足尖。

还没等观众从眼花缭乱中反应过来，她已经又展示身体，笔直地像轻盈的箭，"咝"地插进碧波之中，几股白色的气泡拥抱了这位自天而降的仙女，四面水花悄然不惊。

"妙！妙极了！"站在我们旁边的一名外国记者跳了起来，这时，整个游泳场都沸腾了，如梦初醒的观众用震耳欲聋的掌声和欢呼声，来向他们喜爱的运动员表达澎湃的激情。

吕伟精彩的表演，将游泳场的气氛推向了高潮。她的这个动作 5136，从裁判手里得到了 9.5 分。

这位年方 16 岁的中国姑娘，赢得了金牌。

她的娇小苗条的女伴，17 岁的周继红，以接近的分数赢得了银牌。

当一个印度观众了解到这两个姑娘是中国跳水集训队最年轻的新秀时，惊讶不已。他说："了不起，你们中国的人才太多了！"

（本例文选自《光明日报》1982 年 11 月 25 日）

第68讲 新闻图片说明写作

文字说明，是新闻图片必不可少的组成部分。文字说明和新闻图片是相得益彰的，好的文字说明可以使新闻图片大为增色，增强报道效果；反之，蹩脚的文字说明会冲淡新闻图片的报道效果，有的甚至起到相反的作用，说明词的好坏是新闻图片能否被新闻媒体刊用的重要因素。因此，新闻摄影者在提高新闻摄影水平的同时，还要花力气写好文字说明。写好文字说明是新闻摄影者的基本功。

新闻图片说明的结构比较简单，独幅照片通常采用一段式，一般不标题。如果是组照，需要写一个简要的总说明，也可以加一个标题。组照中每幅照片的说明，文字量一般要比独幅照片说明要短。新闻图片文字说明具体写作方法有多种。

一、短语式

就是用很短的一句话作文字说明，通常只有十几个、二十几个字。新闻和通讯配发的照片中常采用这种形式。新闻事实在文字报道中已有充分体现，所配发的照片的文字说明只点明一下报道对象在何时在做什么即可。

二、标题式

具体有两种情况，一种是只有标题；另一种情况是将文字说明加以概括，提炼加上一个标题。前一种情况与短语式有些相似，只不过更短更精练。后一种情况一般是篇幅较大的专题照片，为了突出宣传效果，而采取的一种文字说明形式。

三、总括式

一般用于专题组照，在一组照片前先总括写一个整体说明，类似消息的导语。而每幅照片还有简要说明。

四、一段式

这是新闻图片最常用的文字说明形式，特别是独幅照片的文字说明一般都是"一段式"，根据需有几十个字、上百个字不等。

五、图序式

如果同时刊发多幅照片，可采用"图序式"，按照片排列从上到下、从前到后循序，标注"图一""图二""图三"……

六、诗词式

即采用诗词的形式作文字说明，以增加文字说明的艺术性和新颖性。

七、语录式

即用图片报道对象的一句话作图片说明。

新闻图片说明的写作，要遵照新闻写作的一般原则，要坚持新闻的真实性、准确性、简明性。具体应做到以下几点：

一是要文图配合，不脱钩。文字为图片服务，不能脱离图片内容写说明。有的照片内容不错，画面构图尚好，文字说明写的也算精彩，但两者不相联系，文字说明不能反映图片的内容，这样的照片就不能被新闻媒体刊用。

二是要内容实在，不空洞。文字说明最忌空洞无物，只有大而化的文字，只有共性而无个性。只有议论没有叙述，只有华丽词汇描写没有新闻事实。图片说明虽然不能像消息写作那样，要求新闻要素齐全。但是，也不能脱离新闻要素写说明，一张新闻照片的文字说明中，能写清"何人、何时、何地、何事、何故"，这些新闻要素最好。当然，有些新闻照片文字说明的新闻要素，不必像文字报道那样严格，因为某些新闻要素通过照片画面直接地表现出来了，对这类新闻照片，文字说明只需作必要的补充即可。

三是要重点突出，不偏移。偏移，指的是说明词中背景材料和其他无关紧要的材料占了主导地位，而对新闻事实则一语带过。背景材料不是不可以写，由于篇幅所限，写作时要高度概括，做到可写可不写的不写，能少写的不多写。务必不能把一幅图片的说明词当成全面的工作总结来写，新闻事实被淹没在汪洋大海之中。不能动辄3年来，5年来，"几十年如一日"，翻箱倒柜搜寻陈年老货，偏偏不强调新闻是什么。背景材料与图片内容毫不相关，这种重点偏离现象，说明作者还没有突出新闻事实的明确观念。

四是真实准确，不虚假。 新闻的生命在于真实。图片说明涉及的时间、地点、人物、事情经过和结果都应完全真实。要按照客观事实的本来面貌写说明，不能根据主观需要而随意编写。不能把一两年前发生的事说成是"最近"的事；不能把导演摆布的场面拍下来说成是生活中的真人真事；不能为了迎合某种活动或特定需要，随意改写拍摄时间；更不能借用修图手段移花接木，借助制作技巧以假充真。为达到照片说明的真实和准确，表述时间时不宜使用模糊语言，如"前不久""不久前""最近""年前"等等。

另外，文字说明切忌把好话说过头，进行不切实际的高评价。诸如，"一贯坚持正确方向""在国内外反响强烈""达到世界先进水平"，等等。如果真达到这样的影响力，当然可写，问题是没有达到而无限拔高，有些所谓在国内外反响强烈的事，只不过在当地小有影响而已。有些作者以为话说得满些，评价高些，新闻价值就高，就会被编者重视。其实不然。新闻价值的大小关键看事实，与作者如何评价几乎无关。评价过高，话说得太满只会产生负效应——使人怀疑图片的真实性。

五是精练新颖，不俗套。 简练，就是要用尽可能少的文字表达尽可能多的内容。文字说明要简洁，对图片起到画龙点睛的作用。要紧紧抓住新闻事实的特点，像写新闻导语那样，一上来就打中要害，力求达到让读者一眼看明白的效果。新闻导语的基本要求是言简意明，一针见血，最忌讳拖沓冗长、不着边际、绕圈子、说空话、玩花腔，因此在写作上需字斟句酌，摈弃废话，这与新闻图片说明词的要求是完全一致的。好的新闻导语就是一则独立的新闻，图片说明词也应力求独立成篇。俗套，就是千篇一律，老模式，毫无新意。图片说明同消息、通讯一样，写作中要求新，从结构到语言要不断创新，尽量做到结构新颖，语言生动，能给读者耳目一新的感觉，以增强图片的感染力。

例文:

　　某炮团一营无线电分队,以学习促训练,开展革命竞赛,扎扎实实落实战备措施,不断提高军政素质。这是他们正在交流收发报经验。

李和忠　摄

第*69*讲　广播稿写作

用于有线、无线广播台、站播送的稿件称广播稿。广播稿的种类很多，除一般由播音员播送的稿件外，还有录音讲话、录音报道、录音新闻、录音采访、口头报道、配乐广播、广播对话、实况转播等。

广播稿没有什么固定的格式，但要注意以下几点：

一是要讲究真实性。实事求是，不夸大缩小，不添枝加叶。失去了真实性，就起不到应有的宣传效果。

二是内容要有针对性。如及时反映群众的思想、工作、生产、生活和学习的情况；及时报道群众希望了解或迫切关心的事情；及时进行表扬和批评等。这样群众听了就感到亲切、实际，才会对工作、生产、学习起推动作用。

三是形式要灵活多样。一文一事，事的线索要单一。一般采用顺叙的写法。比如，反映生活中所发生的事情，表扬好人好事，可以写新闻报道；宣传工作、生产、学习中的成功办法，有效措施，可以写经验介绍；对某种事情、某种现象提出看法、发表意见，可以写短评；介绍科学和生活方面的知识，可以写说明文。有时还可以写成诗歌、快板、相声等形式，进行宣传。

四是要写得短小、通俗、口语化。要易念，易听，易懂，易记。

例文：

国门卫士——黑河好八连

听众朋友：

中央军委今天（7月21日）在哈尔滨隆重召开"黑河好八连"命名大会。会上，宣读了中央军委主席江泽民签发的命令，并颁发了奖旗。

60年代，"南京路上好八连"艰苦奋斗、拒腐蚀永不沾的模范事迹，曾在全国家喻户晓。90年代，"黑河好八连"不畏艰苦，爱国奉献，严守国门的先进事迹，在群众中也广为传诵。

下面请听黑龙江台记者采制的系列报道：《国门卫士——黑河好八连》上篇：

冰关铁骨

（录音：八连队列声压混）

八连驻守的黑河市，与俄罗斯布拉戈维申斯克市仅隔一条黑龙江。这里地处北纬五十度，年无霜期只有八十天左右，冰封期长达半年之久。冬季，八连执勤的界江上，冰封雪裹，气温通常在零下四五十度。

为了抵御严寒，战士们去江上站岗，要穿上毛衣毛裤、棉衣棉裤，然后再套上皮裤、棉皮大衣和毡靴，足有20多公斤。一排长孟繁斌介绍说（录音）：

"由于没有车，战士们要用个把小时才能走到哨位上。这时候已是满身大汗，再站完3小时岗以后呢，又冻得浑身是冰。下岗后，常常袜子、靴子和棉大衣等都冻在一起，有时候就脱不下来。"

1996年寒冬，战士汤亚平在江中观察架上执勤时，遇到狂风暴雪。等换岗的战士来了，他就像一座冰雪雕像，僵硬的四肢已不能动了。连里知道后，派人把他背下了观察架。

一个风雪之夜，战士华国涛上岗时，被肆虐的风雪吹打得走不动站不稳，跌了几跤。他感到右胯疼痛难忍，但他还是咬牙赶到哨位，一声不响地接了岗。第二天，他的右腿开始红肿，不敢着地。可他见哨所人少，竟硬挺着站了一星期岗，直到被连里发现强令他去医院，诊断是：骨裂。战友和医生震惊了：腿摔成这样，每天还能在冰雪中行走 20 公里！而华国涛却风趣地说："你们不知道，哨位和责任是最好的止痛药。"

连长贾伦很有感触地讲述了这样的情景（录音）：

"去年春节前，我们为加强边境的管理与控制，就加大了界江的执勤密度。战士们每天要在冰冷的江面上执勤 10 多个小时。有的同志被冻伤，有的同志晕倒在江面上，当时我看到这个情景，感到非常心痛，于是就下命令让他们回连队休息，可战士们呢，谁也不肯离开哨位。"

由于长期在高寒条件下执勤，八连大多数官兵得了风湿性关节炎。有的战士因受寒，天一冷就小便失禁。关节的疼痛，使一些官兵炎热的夏天还穿着厚厚的衣裤。

战士汪笑欣回答得好（录音）：

"当你站在边境线上的时候，要知道你守着的是国门，守着的是国旗，这时候，你就不可能再有什么个人的想法了。这就是我们军人的职责！"

凭着这种赤诚奉献，忠于职守的精神，1991 年以来，八连制止违边事件 1000 多起，堵截企图出入境分子 85 人，出色地完成了边防执勤任务。

70

第70讲　黑板报稿写作

黑板报是连队的"报纸",是思想政治工作的一个阵地。写好黑板报稿是办好黑板报的前提和关键。

黑板报稿以内容划分可分为时事政治黑板报稿、教育训练黑板报稿、行政管理黑板报稿、文化活动黑板报稿、报刊摘录黑板报稿等。以体裁形式划分可分为新闻体黑板报稿、评论体黑板报稿、诗歌体黑板报稿等。

黑板报稿的内容应以反映现实生活为主,从单位实际需要出发,突出单位特点。要紧密配合各项中心任务,做到单位干什么,黑板报就宣传什么。其内容主要有以下几个方面:(1)宣传党的方针、政策和重大的政治活动,刊登基层群众的学习体会。(2)配合基层中心工作,宣传完成各项任务的目的、意义,反映上级和本单位领导的要求和群众的决心;介绍与完成各项中心任务有关的小知识、小资料;宣扬完成各项任务中的好人好事,交流经验体会。(3)介绍政治形势,讲解时事常识。出版重大政治活动和重大节日、纪念日的纪念专刊。(4)提供学政治、学军事、学科学文化等方面的方法和有关材料。(5)刊登俱乐部活动项目,如谜语、智力测验等。

黑板报稿件写作的基本要求有六点:一是观点鲜明。要有正确的主题思想,并做到提倡什么,反对什么,旗帜鲜明。二是内容集中。一篇稿件说明一个观点,只写一个人、一件事,力避面面俱到。三是形式多样。可采用小新闻、小评论、小文学作品等多种文章体裁。四是篇幅短小。一篇稿件200～300字为宜,特别要注重写好百字文。诗歌最好不超过20行。五是言之有物。文章要紧密联系实际,切忌空话、大话。六是文字通俗。注意使用群众语言,避用难懂词句。

例文:

新战友应做到"三忌"

新战友的到来,给部队带来了新的气象和活力。但由于新战友对部队还不十分了解,也容易出现这样那样的问题。为了端正部队风气,纯洁相互关系,新战友应该做到"三忌":

一忌请客送礼。或为了给新兵连干部和带兵骨干一个好印象,或为了日后分个满意的工作,就设法送礼品,或请干部、骨干吃喝,这是纪律所不允许的。

二忌不请假外出。新战友刚到部队,一切都感到新鲜、稀奇,但不请假外出是违反纪律的,部队是武装集团,讲正规养成,令行禁止,如果你外出不请假,突然有情况怎么办?因此要遵守铁的纪律,做到外出请销假,按时归队。

三忌搞"小圈子"。找同乡,谈谈家庭情况未尝不可,但过头了产生"地域观念"就适得其反。不但影响团结,于部队建设不利,而且对个人进步有害。因此,应注意防止不正常的人际关系。

71

第 *71* 讲　思想评论写作

　　思想评论是运用议论说理的表达方式，对思想现象进行评价和论述的议论文体。它从现实生活人们的思想动态、思想倾向、思想方法和思想作风等意识形态中，及时抓住带普遍性、倾向性的问题，从理论与实践的结合上分析矛盾，剖析事理，辨别是非，赞扬和支持进步思想，批评和反对落后思想，以达到说服人、教育人的目的。思想评论具有联系实际，有的放矢；讲究时效，迅速及时；论题单一，简洁明快；题材广泛，贴近群众的特点。

　　思想评论由标题、署名和正文构成。标题通常以一反映中心论点的短语作标题。署名在标题下一行居中书写。正文又可分为开头、主体和结尾三部分。

　　思想评论写作的基本要求：一是认真选好论题。特别要注意选择能够回答人们迫切需要回答的思想问题。要善于抓住人们的思想迷惘点和关注点，进行评论，回答人们心中的疑难问题。二是精心选择材料。要注重选择具有典型性、真实性和有普遍指导意义的材料。三是严密分析论证。要善于客观分析，辩证论理；透过现象，揭示本质。四是讲究写作技巧。要学会巧用引语，翻出新意；运用比喻，形象分析；借用故事，帮助说理等多种写作方法和技能。五是注重语言表达。要用尽量少的字句表达尽可能丰富的内容。要注重语句的锤炼和推敲，达到准确无误，无懈可击。要用明白如话的语言，生动地表达作者思想。

例文:

少想功名　多做功课

宋良斌

一个人心里想着功名,还是想着功课,往往折射其工作观、事业观和政绩观,决定其能行多远。

追求功名无可厚非,但不能贪图功名,忘记功课。须知,功名由多做功课而得,非徒好而自至。只想追名逐利,不做功课,无疑舍本逐末;迷恋昔日辉煌,停滞不前,终成无源之水。所以胡总书记在"七一"重要讲话中谆谆告诫我们,"决不能也决不会躺在过去的功劳簿上"。只有少想功名,多做功课,才能不断创造新业绩,赢得身后名。

《颜氏家训》有言:"上士忘名,中士立名,下士窃名。"历史上因陶醉于功名,导致失败的例子比比皆是。闯王李自成的败亡,太平天国的陨落,与一些领导人贪恋功名是分不开的。我党牢牢记住历史的教训,无论是毛泽东"进京赶考""两个务必"的提醒,还是郭沫若《甲申三百年祭》的文章,都警示我们在任何时候都应兢兢业业、踏踏实实,但求事功、不事张扬。

"桃李不言,下自成蹊。"把功课做到极致,功名不请自来。相反,如果心里想的全是名利,必不能醉心于本职业务,只能是荒了自己的田,落得一时虚名,甚至因求虚名而得实祸。

历史是最公正的裁判。那些追名逐利、梦想美名远扬之人,往往得不到人们认可;而那些俯首为民、不计得失、淡泊名利的人,反倒容易让群众传颂,留下口碑丰碑。党的优秀代表杨善洲、沈浩、吴孟超等,把功名利禄全抛下,一心做好为民服务这门功课,最终把功名刻在群众的心坎上。

实际生活中,却有少数党员干部追求"窗户上挂喇叭——名声在外",事情没做多少,或者工作刚刚开了个头,便"拉长、吹大、垫高",热衷于在媒体上"精心包装,隆重推出"。在他们眼里,只有成绩,没有不足;只见彩头,不见问题。这样的浮躁心态、飘浮作风,不仅于事无补,而且于己有害。

"名是实之宾,无实何能名。"所谓实,就是多想事业,多干实事,多解决问题。就军人来说，最重要的是练好打赢本领，视胜利为最大的功名，在加快转变战斗力生成模式的伟大实践中主动作为，不辱使命。具体到每名党员干部，则应干一行、爱一行、精一行，自豪而不自满，昂扬而不张扬，以过硬的能力素质为党工作、为国奉献、为民造福。

72

第72讲 政治评论写作

政治评论又叫政论，是以政治现象或问题为评论对象的议论文。政治评论反映和表达一定阶级、政党和政治派别的观点和思想，它通过对政治形势和政治事件的分析评论；对政党、社会集团、社会势力在国家生活和国际关系方面的政策和活动的评论，阐述政党和国家的路线、方针、政策，引导读者确立一定的政治观念，提高政治水平，为实现政党和国家的政治主张和奋斗目标服务。

政治评论有多种类型，以其内容可划分为政治理论评论、政治制度评论、政治工作评论等。政治评论具有阶级性、原则性、逻辑性强等特点。

政治评论由标题、署名和正文构成。

政治评论写作的基本要求：一是要有坚定正确的政治立场。反映党的声音和主张，人民的希望和要求。二是要有实事求是的优良作风。摆事实，讲道理，要务求真实、准确，观点既要鲜明，又要公允；既要有倾向性，又要具客观性。三是要有无私无畏的革命精神。解放思想，敢触及热点和敏感问题，写出真正反映人民心声和维护国家与人民利益的政治评论。四是要有丰富广博的古今知识。要注重各种资料的运用，特别是要掌握马克思列宁主义、毛泽东思想、中国特色社会主义理论、党的方针、路线、政策，要注重运用高科技知识。五是要有快捷灵活的表达才能。要适应政治形势发展变化，与时俱进，迅速及时，不误时机。同时要力求笔法活泼，挥洒自如，努力提高政治评论的可读性和感染力。

例文：

言者无罪　闻者足戒

1942年8月的一天，一个炸雷击中了陕甘宁边区政府小礼堂的一根木柱子，正在开会的延川县县长不幸触电身亡。事情传开后，有些群众因不满征粮过高而借题发挥：雷为什么没有劈毛泽东？对此，毛泽东同志听后没有发火，而是心平气和地说，群众有意见，说明我们工作上有毛病。要允许人家讲话，讲错了也不要紧。此后，毛泽东同志立即派人调查核实征粮问题，并对边区征收公粮任务做了实事求是的调整。从这件事上，毛泽东认识到发展生产的重要性，于是号召边区军民开展轰轰烈烈的大生产运动，有力地支援了前线战斗。毛泽东同志这种有则改之的宽广胸怀令人崇敬。

批评和自我批评是我们党的优良作风之一，是保持党的肌体纯洁的锐利武器。我们党历来重视和强调听取人民群众的呼声，对群众的批评向来持"言者无罪，闻者足戒，有则改之，无则加勉"的积极态度。金无足赤，人无完人。每个人工作中都有缺失和不足。尤其是在新形势下，部队建设和改革面临许多新情况、新问题，领导干部要保证决策的科学性，就应当深入基层进行调查研究，善于广泛听取各种意见和建议，虚心接受各种批评监督。俗话说："旁观者清，当局者迷。"很多时候，有的问题自己意识不到，群众及时敲敲警钟，就会顿然醒悟，防止小错铸成大错。

接受批评难，特别是一些领导干部接受群众批评难的现象，在有的单位还不同程度地存在。有的人对来自上级的批评往往能够接受，但对群众的批评却不能正确对待。有的认为听取群众的批评"掉价"，采纳群众的意见显得自己没本事；还有的甚至认为批评者是和自己过不去，对爱提意见的群众另眼相看，当面给脸色，背后"穿小鞋"。这些做法与党的优良作风大相径庭。能否正确对待群众的批评，不仅关系领导者本人素质能力、品德修养的完善和提高，而且关系部队的风气建设，关系党在群众中的形象。试想，如果领导干部听取逆耳之言，要么置之不理，不以为然，要么当面指责，背后"记账"，周围的人自然会免开尊口，不说为佳；甚至助长阿谀奉承之风，使干群关系庸俗化。长此以往，领导在群众心目中的形象会大打折扣，决策就会出现失误，影响军队现代化建设进程。

领导干部应该像毛泽东同志那样从善如流，不断提高个人素养，培养闻过则喜的雅量。对群众的意见虚心听取，对自己的不足及时弥补，对错误进行坚决纠正，不能存有私心，顾及个人脸面。

（本例文由王立功提供，作者：胡立瑞）

第73讲 军事评论写作

军事评论是以军事现象为特定评论对象的议论文体。军事现象，包括军事事件、军事人物、军事历史、军事思想、军事训练、军队建设、军队日常生活及其他军事领域中的活动。军事评论主要是针对军事领域中存在的各种现实问题进行分析、评述和议论，提出解决问题的对策，从宏观或微观上指导军事实践活动。

按照不同的标准，评论有不同的分类方法。按内容性质，可分为立论性评论、驳论性评论、阐述性评论、解释性评论、提示性评论。按传播媒介，又可分为报刊评论、杂志评论、广播评论、电视评论等。常见于报端的主要有分析国内外军事动态、军事大事或重大军事问题的评论文章和针对军队建设和部队日常生活中的某些问题进行一事一议、一理一评的军事小评论。如《解放军报》的"集思广益""长征论坛"等专栏文章。其特点是取材广泛，形式灵活、论题集中、短小精干、言简意深，贴近基层生活，反映官兵心声，有较强的针对性。

军事评论除按一般议论文的写作要求，做到论题新颖、论点正确、论据精当、结构合理、行文规范外，还应特别注意以下四点：一是联系实际要紧密。要善于联系国际国内形势和国际国内军事活动实际，特别是我队建设实际。二是反映问题要快速。快速反映部队生活中急需回答的问题，快速反映部队建设中需要纠正的问题，快速反映军队中的新事物。三是内容表达要简练。选择论题突破口要小，论题、用例要简洁。四是与部队基层要贴近。要注重取材于基层官兵生活；对基层讲话，要平易近人；要敢于正视现实，触及热点，做基层官兵的代言人。

例文：

视频外长会议再次暴露北约转型之困

李　赟

4月2日，北约举行了历史上首次通过视频连线的外长会议，如何应对新型冠状病毒毫无争议地成为此次会议的首要议题。

就北约自身而言，3月初，北约总部首现确诊病例，参加"捍卫者—2020"演习筹备会议的多名成员国高级军官也相继确诊。3月底，北约驻立陶宛的部队被爆出有数十人确诊。不过，当时立陶宛本国军人因与外国军人分开居住，并未被感染。

就北约帮助成员国抗击疫情的举措而言，其欧洲大西洋灾难响应协调中心（EADRCC）是此次协助成员国抗击疫情的主要机构。然而截至4月2日，据北约官网信息，虽然该中心多次接到成员国及伙伴国求助信息，但其协调完成和正在实施的具体行动仅有6个。

比较典型的行动如对意大利抗击疫情的援助。消息显示，3月26日，EADRCC收到意大利的求援信息。不过，此前美国确认已分两批从意大利运走共计100万份咽拭子。一个忙着运走物资，一个则随后发出求援信息，这些事实背后隐藏的信息不难解读。

从目前的情况看，北约自冷战结束以来的转型进程实在是不顺利。北约连续发动4场域外战争，将军事活动范围从北大西洋地区向外扩张，将战略重点从实施"集体防御"转为"捍卫共同利益"和"应对全球性的威胁和挑战"，从而承担"全球责任"。但德法等国并不完全认同美国的"北约全球化"主张。它们虽然同意北约防务区域有所扩大，但不主张无限度扩大。如何处理应对传统安全威胁和非传统安全威胁的关系，北约一直未能找到最佳平衡点。

转型之初，北约秉承冷战思维，将传统安全领域的威胁置于首位。后来随着全球性非传统安全威胁的日趋严重，北约不断加大在非传统安全领域的投入。特朗普执政后，美国军事和安全战略重心重回传统安全领域和大国竞争，北约又进行了相应调整。说到底，北约在面对新冠肺炎疫情时所遇到的情况，其背后还是那个问题：北约究竟是谁的北约？是大西洋两岸共同的北约，还是永远满足"美国优先"的北约？

事实证明，北约发动的多场域外战争，不仅给当事国造成灾难，欧洲盟国也饱受由此产生的难民潮等问题的困扰。美国对自身利益的界定不断变化，与各成员国之间的利益分歧不断加剧，使得北约的发展方向始终无法明确，以至于法国总统马克龙说出"北约已经脑死亡"。

本次北约应对新冠肺炎疫情的种种状况，似乎就是"脑死亡"的表现之一。虽然本次北约外长会就进一步做好新冠疫情防控发表了联合声明，但如果不能处理好非传统安全领域投入和传统安全领域投入的关系，处于转型之中的北约将继续身处"迷惘的隧道"。

（本例文选自《解放军报》2020年4月12日）

第 *74* 讲　文学评论写作

　　文学评论又叫文学批评，是指对各种文学现象进行分析、评价的文章。文学评论的对象是一切文学现象，包括对文学性质和作用的评论、对文学起源与发展的评论、对文学思潮和流派的评论、对作家生平和思想及创作实践的评论、对文学作品的评论、对社会审美心理的评论等。

　　文学评论写作的一般步骤是阅读——拟题——评论。

　　1. **研读有关资料，做好写作准备**。阅读被评论对象的直接和间接资料是文学评论写作的第一步工作。写好文学评论需要阅读的资料是多方面的，尤其应阅读好马克思主义文学理论和党的文艺方针政策方面的资料、文学作品原文和与作品有关的资料，包括作品产生年代的背景资料、作家的生平经历和创作环境资料、作家的其他作品和已有对该作家作品的评论等。

　　2. **确定评论题目，选准评论角度**。要着眼社会现实需要，评论对象要确有被评价值。评论者有独特见解，选题要有新异性。评论的角度主要有：思想内容分析角度、人物形象分析角度、情节结构分析角度、作品语言分析角度等。无论选取什么角度，都应全面、准确地把握作品的总的思想倾向和艺术风格，防止断章取义、牵强附会、以偏概全地去评论作品。

　　3. **掌握文体特点，讲究文学色彩**。文学评论属于议论文体，主要运用议论表达方式，讲究逻辑，注重理性分析。同时要体现文学评论独特之处，要讲究文学色彩。要在运用逻辑思维的同时，善于运用形象思维，把文章写得生动活泼，富有感染力。

例文：

丰富的寓意　深刻的哲理

—— 申身《雨花石》赏析

李和忠

　　咏物诗历来受到人们的喜爱，带有哲理的咏物诗就更使人耐读，深刻的哲理给人以智慧和力量，给人以回味和深思。当代诗人申身创作了大量的咏物哲理诗，并曾于1991年出版了《申身哲理诗抄》，诗的共同特点是寓意丰富，哲理深刻。《雨花石》作为其中的一首，就属哲理诗的上乘之作。

　　诗的开篇就以热情洋溢的语言，对雨花石进行了赞美："滴血红，月魂白……/生光，生色，斑斓多彩。"把雨花石的美丽，生动地展现在读者面前。在这里诗人选择雨花石这一具有象征意义的美石，作为歌颂对象，不仅仅是对雨花石的赞美，而是对南京雨花台殉难英烈们的赞颂。另外，诗人对雨花石的赞美，并没有停留在对其外表的称赞上，而是从更深层上揭示了雨花石的内在美，发掘了美的来历："经受了大动荡的磨炼，/自己已非自己粗糙的原来。/没有辜负美的期待，/终于变成了深深的爱。"这些诗句一方面寓指雨花台的英烈之所以名垂千古，万代流芳，是因为他们同敌人进行了艰苦卓绝的斗争，是经过大革命的洗礼和大风浪的锻炼，是因为他们没有辜负民族、祖国和时代的期待。另一方面这些诗句又给人们这样的启示：外在美是由内在美决定的。"宝剑锋从磨砺出，梅花香自苦寒来。"要敢于面对"动荡"，迎接磨炼，才能不负社会所望，达到"真爱"的境界。

　　在歌颂了"雨花石"之后，诗人展开丰富的想象翅膀，放眼整个社会生活的历史进程，阐述了世界变化的运动观："生活是江河，历史是大海，/动荡，不仅在过去，也在将来。"生活和历史如同江河大海一样，从来不是平静的，运动是永恒的。诗中所蕴含的哲学思想，为人们认识世界打开了正确的思路：要用正确的运动观去观察历史，面对未来。紧接着，诗人运用马克思主义唯物史观，进一步揭示了历史发展的必然规律："大浪淘沙，/该淘汰的，/必被淘汰；/应存在的，/必定存在。"在这里，诗人用简洁的语言，深刻地阐示了社会存在决定社会意识，历史是不可逆转的哲学道理。这也使人们联想到诗作的发表年代，20世纪80年代中叶，我国已完成了思想理论界的拨乱反正，被歪曲的得到了纠正，被颠倒的重新颠倒了过来，"无边落木萧萧下，不尽长江滚滚来"，被历史证明错误和过时的东西被淘汰，优良的传统和正确的实践得以继承和发扬。诗句既是对历史规律的揭示，又是对时代现实的咏叹。

诗的最后四句是点题之句，通过雨花石联想到社会生活和社会历史，得出这样的结论："谁在爱中居于高位，/谁就不为泥沙所埋。/即使一时埋没，/也终被挖掘出来。"使人联想到在历史长河中，那些居于爱的高位的民族英雄、仁人志士，他们爱民族、爱祖国、爱人民、爱真理，他们将永远被人们颂扬。尽管有人企图将他们的功绩抹煞，但他们却像雨花石那样，虽然会因历史变动被埋没，但终会因本身具有爱被挖掘出来，先烈的英灵将与世长存。同时这些诗句也勉励人们要自觉追求爱的高位，要有崇高的理想和高尚的品德，一定会成就一番事业。社会是不会埋没人才的。只要是真正的人才，总会得到社会的认可。作者通过诗句所反映出的奋发进取、积极入世的思想和情怀，无疑会给人们以生活的必胜信心和拼搏的无限力量。

总之，《雨花石》是首具有丰富的寓意和深刻哲理的佳作，对内在与外在、运动与静止、存在与抛弃、一时与永久等许多哲理问题，给予了形象的回答。对人们正确了解历史、解释社会、看待人生，都是有益的启迪，它所通解的古今历史上的荣辱、沉浮现象，给人们以深沉的哲学思考。

第75讲　艺术评论写作

艺术评论，又叫艺术批评，是对各种艺术现象进行分析、鉴赏、探讨和研究的评论文章。艺术评论具有指导艺术欣赏和指导艺术创作的双重作用，写好艺术评论对于活跃人民大众的艺术生活，发展社会主义的艺术事业有着重大意义。

艺术是一个含义广泛的概念，凡是用形象来反映现实但比现实具有典型性的社会意识形态，通称为艺术。包括绘画、雕塑、建筑、音乐、舞蹈、戏剧、电影、曲艺等。根据艺术作品体裁的不同，艺术评论分为若干种类。在社会生活中运用较广泛的有影视评论、戏剧评论、美术评论、书法评论、摄影评论、音乐评论、舞蹈评论等。

艺术评论的写作，要以党的文艺评论政策为依据，以繁荣社会主义艺术事业为目的，写作要建立在对艺术作品的深入研究基础上，要着力揭示作品的丰富内涵。具体要求有以下三点：

1. 认真研究评论对象，选准评论目标

认真、深入地研究评论对象，是写好艺术评论的前提，没有对评论对象的深入研究，就写不出有深度的艺术评论。如要写一篇影评，就必须认真仔细地观看电影，可能的话，将影片反复看几遍，要边看边做记录，也可把电影剧本找来，结合银幕上的视觉形象，对人物性格、情节结构、表现手法进行综合研究，然后才进入评论。只凭一次观后印象就匆匆动笔写电影评论，就很难写出深度。同样，评论戏剧、美术、音乐等，也要尽量多看多听，边看边想，边听边想，边想边记，从整体到局部，由浅入深，反复揣摩，深入研究，只有这样，

才能获得真切的艺术感受，才能写出好的艺术评论。

2. 着力揭示作品内涵，探讨艺术的本质和规律

撰写艺术评论的目的是指导艺术欣赏和艺术创作，艺术评论不是为评论而评论。艺术评论要注重通过对艺术作品作理论上的分析、研究、判断和评价，揭示艺术形象中的审美价值和思想意义，或是指出作品在思想上、艺术上存在的缺点、错误和不足，帮助欣赏者正确理解和欣赏作品，培养和提高广大读者、观众和听众的艺术欣赏能力和健康的艺术趣味。因此，撰写艺术评论要着眼于人民群众和社会需要，要注意把艺术本质规律的真知灼见奉献给读者。同时，要善于运用发散思维，发挥丰富的想象力，努力发现隐含在艺术创作深处的奥秘，要站在更高的思想文化层次上，对艺术作品作出尽可能超过艺术家本人对作品认识的精辟论述，以使艺术家从评论中得到启发，去调整和提高自己的创作。如果不能在揭示艺术本质和规律上有所突破，只是对艺术作品的一些赞美之辞或批评之语，就产生不了好的艺术评论。

3. 把握各类艺术特征，注重不同艺术评论的差异性

艺术种类繁多，不同艺术除了作为艺术的共同特征外，还具有各自的特殊性，只有掌握具体的艺术种类在表现工具和手法上的独特性，才能写好艺术评论。例如撰写影视评论就须把握电影电视可见性、综合性、感染力强的基本特征，进行分析评论，否则，电影电视评论就很容易写成电影电视剧本文学评论。再如撰写戏剧评论就要注意舞台表演艺术与其他艺术的差异性。戏剧除了直观性和综合性特点外，突出特点是冲突性，它是在有限的舞台空间和时间内，通过激烈冲突来刻画人物性格，没有冲突就没有戏剧。抓住这一基本特征，才能写出好的戏剧评论。撰写美术、音乐、摄影等评论也如此，要把握其艺术的基本特征，从而写出各具特色的艺术评论。

例文：

中和之美
——聂中东书法创作的艺术特色

聂中东同志是我多年好友，他的书法作品，我是极喜欢的。他的字像他的

人一样，雍容大度而又质朴无华。不带任何炫人眼目的做作之习，而自有一种精神内敛气度厚重的自然风韵。初看以为平淡，仔细鉴赏，则不由得会流连把玩，使人产生一种亲切感。这和时下流行的一些龙飞凤舞的笔墨是大相径庭的。这正印证了前人所说的"风格是人格的显现"这句话。聂中东同志有着平易近人的作风，总是那样心平气和，从容不迫。他说话的声音带着河南方言，镇定、平稳、抑扬顿挫中包含着感情波澜，其书法作品也透射出一种"中和之美"。

聂中东书法的"中和之美"体现在书作笔画的处理上，对曲线有着恰到好处的应用和创造。他巧妙运用古代文字特征，"画成其物，随体诘诎"，在书法创作中巧妙地把曲线、直线有机的结合而创作出了许多韵味无穷的书法作品。这些曲线或遒劲、或婉丽、或整饬、或恣肆、或流畅、或凝重，气象万千，给人以丰富的美的享受。正如当代书法家林散之的《辛苦》诗中所表达的意境："笔从曲处还求直，意到圆时更觉方。"聂中东的书法作品，曲线或直线、方或圆都没有绝对界限，却另有它的典范性。西方的一些美学家在实践中提出"曲线是最美的"，清代诗人袁枚也曾经讲过："天上只有文曲星，而没有文直星"，幽默地表达了古代传统的审美观，所以"人贵直，书贵曲"。如果对古往今来的书法作品作一番倾心的研究探讨，就不难发现曲线在书法中应用所体现的中和之美。秦篆到汉隶在发展过程中。形成了先是用弯曲成文的线条来模拟物象的形体，转化为曲线的结合。聂中东的书法之所以给人一种心旷神怡，目炫神驰，让人感到"直道易尽，婉曲无穷"，就是包蕴着这一"中和"之道，因而具有其美学意蕴，聂中东书法创作中具有一种超前的洞察力，他巧妙运用曲线的结合而集历代名家的精髓，把横、竖、撇、折等有机巧妙地结合起来，形成复杂的精细不均的美妙线条，有波、有磔、有伸、有曲，结合成一个个动人惊叹的文字，使之组成一幅幅优美动人而脱俗的作品。从他的作品中体现了具有民族传统的雄风傲骨的时代精神，给人以"婉而通"的直觉美感。在"中和"的意韵体现上作出了创新，把书法的造诣提高到了美学上的新境界。

聂中东书法的"中和之美"体现在书作笔锋的处理上，不但有肥瘦变化，并且也有轻重的不同，中锋运笔，讲求藏头护尾，迴锋逸转，收笔和起笔基本上是藏锋，但在其创作实践中用笔也有藏露之不同。聂中东的书法作品，特别是行草书的线条看来似乎是比较圆通的，但是由于他主张的用笔方式在他手中得以充分发挥，那种肥瘦、藏露、方圆、曲直多变的线条，也成了一种独特的曲线美，圆润遒劲、风姿多变。如果用心去观察，会引起人们思想中更为复杂奇妙的联想和感叹。他运用的转折变化是一种富有表现力的、更为美妙的曲线，变化无穷，因此它在作品中更加引人注目。隶书中的特征之一是"一波三折"，而聂中东在实际运用过程中，不但继承了这一特征，而且把这一特征运用得不仅美妙，而且又不机械造作。一幅作品中如果只有直没有曲，或只有曲没有直，那么它就既不实用，也没有构线的美。因此一切书法作品线条的组合，都应该直不离曲，曲不离直。聂中东的书法艺术，继承了自晋代王羲之肇始的对"一波三折"书法境界的追求，把"波"转化得更加遒劲和神妙，在笔画运用中，有时粗、有时细、有的长、有的短，在字里行间，充分体现无拘无束、姿态巧美、尽情放纵。清代书法家董其昌强调书法："笔画中须直，不得轻易偏软。"聂中东的书作每字都是"应直处不可屈，应屈处不可直"，曲线和直线相互渗透，相互并存，笔画与笔画之间，字与字之间都是互为转化包容的，这样创作出的作品，其笔画更显神韵。

聂中东书法的"中和之美"体现在书作的气韵笔力上，其艺术个性特征表现为气象浑穆，宽博端庄，雍容大方。其书作幅幅圆劲婉通，内在含蓄，凝重而洒脱，醇雅而开放，端严中寓动势，丰媚处见遒劲，既具有形的筋骨皮肉，又焕发出神的脂泽盛采，有着一种碑刻或钟鼎礼器般的庄重感。聂中东书法基本以传统格局为准绳，不刻意求新求奇，行楷字距、行距一般均告齐整而宽疏，字与字多独立，字之大小亦基本相同。然而，恰恰在这里显示了作者独特的艺术意匠，点画相宜，力求字字生动；开张得宜，擒纵有度，字字顾盼，错落有致，有条不紊，行行呼应。字脉行气，贯通浑成。虽字之大小略等，但轻重有别；虽字多直划，但气势有起有伏；虽字字多独立，但脉络相通，笔断意不断，笔尽势无尽。每个字曲与直虽然有异曲同工之妙，但是共同特征是筋力老健，韧厚而有弹性，给人以力拔山兮气盖世之感。他的书作追求的不尽是字的形质，更讲究字的神采风韵，藏拙寓巧，纤秾有度。于丰腴姿致中求力度，从端严沉着中焕神采。

（本文选自《秘书理论与实践》2013年第3期，作者：程勉中）

第 76 讲　书评写作

书评是对书籍进行评论的一种文体。书评从内容上可分为介绍性书评和评论性书评。介绍性书评侧重于概括说明原书内容，要点；而评论性书评侧重于对原书的意义、作用、得失等发表意见看法。书评文章一般发表在报刊上，也有以书序的形式附在书前。

书评一般由标题和正文构成，具体写法如下：

书评的标题有两种形式。一种是书名加"简评""评介"等词组成标题。如《〈军队基层实用丛书〉评介》。另一种是主副标题式。即主标题概括对所评图书的评价，副标题由"评""简评"等词和书名组成。如《成功的探索——评〈邓小平理论士兵导读〉》等。

书评的正文没有固定的格式。正文的内容应包括对图书基本内容的介绍，提供相同主题图书的有关资料，作者个人的见解与评价。书评可以介绍为主，可以评介为主，可以争鸣为主，也可以引导为主。

书评的基本写作要求是："忠于原著、面向读者、见解独特。"所谓忠于原著，就是要很好阅读原书，理解原著基本精神。不能背离、曲解原书内容搞书评。所谓面向读者，就是要明确书评写作的目的主要是为引导读者理解书中的观点，准确把握图书内容，提高读者对图书的鉴赏能力。书评文风宜轻松自然，避免晦涩语言和用字生僻，要讲究通俗性和可读性。所谓见解独特，就是要有自己的观点，避免人云亦云、缺乏新意的枯燥文词。另外，书评还应做到开门见山，论点正确，论据充分，论证有力，段落过渡明快，结尾干净利落。

例文：

集专业性系统性实用性于一体的写作理论专著
——评《新编史志传记写作方法与范例》
赵增贤

由著名公文学家李和忠撰写的《新编史志传记写作方法与范例》于 2019 年 5 月由中国文史出版社出版发行。

《新编史志传记写作方法与范例》是介绍史志传记写作方法的简明读本，共分 5 章，30 万字。概要介绍了史书、志、传记、回忆录、大事记的种类、写作方法和写作要求，并附有党史、军史、民族史、城市史、村史、厂史、校史；政党志、军事志、市志、县志、村志；传、小传、自传、评传；战争回忆录、大会回忆录以及党的十八大以来大事记，共 19 篇范例。该书是我国新时期首部系统性的史志传记写作理论专著，也是一部写作教程和案头写作必备的写作实用参考书。

本书是作者撰写的《全民阅读·应用文写作方法与范例系列丛书》其中的一本，与已出版的《新编机关公文写作方法与范例》《新编领导讲话稿写作方法与范例》《新编典型材料写作方法与范例》《新编党团文书写作方法范例》等著作一样，具有体系完整、结构新颖、论述简明、内容丰富等共同的写作特点和写作风格，集专业性、系统性、指导性、实用性为一体。

第一，理论学术价值可居。本书把写史志传记的真实性、评价性、知识性、教育性提高到一个崭新的政治层面，服务于人民，服务于社会，服务于我们这个时代。正如作者在前言中讲道："加强和改进新形势下史志传记编写工作，对于打好意识形态主动仗，坚定理想信念，使优良传统薪火相传，具有重大而深远的意义。"

第二，借鉴指导价值高。作者阐述写作技巧，文风朴实，深入浅出，且语言平白，无一晦涩之处，把史志传记、回忆录、大事记统统涵盖其中。如在第一章中，首先介绍了史书的类型、作用、结构和编写史书的基本要求，并把史书的补写和续写以及史书编纂中应处理好的几个关系一一列明，使读者有章可循。同时还选编了七大类史的范例，对借鉴和指导写史志起到了抛砖引玉之效。

第三，可操作性强。本书对写作方法进行了详尽的介绍和描述。如第二章，首先指出写作志的要领，即编写原则：1. 目的明确、立场坚定；2. 厚今薄古、详略得当；3. 彰显个性、突出特点；4. 述而不评、评于叙中；5. 纵不断线、横不漏项。还把怎样写志的书名、编写机构人员组成、前言、序言、凡例、目录、正文、附录、后记的方法和要求，陈述得明明白白，并将有关范例录入其中，供读者查阅对照。我相信即使是对史志传记一无所知的朋友，也会通过这样一本史志传记工具书，而无师自通地掌握史志传记的写作技巧。

此书让我第一次领略了比较全面的史志传记的写作方法，看后感到耳目一新。读罢全书不禁使我掩卷长叹："哦！原来史志传记是这样写成的。"真心祝贺如此厚重专著的发表；真心期望广大读者先读为快，以提高自己的写作技能，写出高水平的史志传记，服务当代，惠及千秋。

77

第 *77* 讲　国际评论写作

　　国际评论是以国际问题为评论对象，反映国家、政党、集团或个人对国际问题的立场、观点的议论文章。国际评论是报刊、电台、电视台和新闻通讯社的重要评论之一，是宣传对外政策，表明国家的国际立场，发挥国家在国际事务中应有作用的舆论阵地；是抨击国际错误言论和行径，维护国家利益和尊严，维护世界和平的舆论工具；是本国人民了解国际形势和动态，了解国际环境对国家的正负影响，提高爱国主义和国际主义觉悟，增强保卫祖国、建设祖国和争取和平国际环境的责任感和使命感的好教材。国际评论在对外配合外交工作和对内进行时事教育中，都发挥着重要的作用。

　　国际评论的范围涉及国际事务的各个领域，国际政治、国际经济、国际外交等等，都是国际评论的对象。依据不同的分类标准，国际评论分为若干类型。依据评论形式的不同，可划分为社论、观察家文章、评论员文章、记者述评、短评、札记等。依据内容的不同，可分为以下几种：分析性评论、阐述性评论、表态性评论、论战性评论等。

　　国际评论写作的基本要求：一是深入调查研究，了解评论对象。在对所评对象形成明确的概念和观点的基础上再作评论。二是依据对外政策，确立基本论点。确立论点既要根据我国的基本对外政策，又要根据对所评问题的具体政策。表述论点时要掌握好分寸，既不过火，又不薄弱，使之恰到好处。三是坚持据事论理，做到以理服人。要注意论据的真实性、准确性和雄辩性，避免出现论据不足，论断轻率，评论单薄和空洞。四是力求短小精练，注重快速新颖。不可拖泥带水，臃肿冗长。要有新思想、新观点、新说法。五是写作态度认真，写作作风严谨。不仅在观点确立上要严肃认真，反复推敲，以求准确无误。而且在细节上也决不能马虎。国际评论撰写者不仅应具有良好的政治素质，较高的政策水平，要有政治家的理智，科学家的冷静，诗人的激情，而且要有求实的态度和严谨的作风，才能写出高质量的国际评论。

例文：

以人权和国家安全　为幌子
美国科技脱钩中国　难得逞

李　赟

近日，美国商务部以"帮助监视维吾尔族""为中国军方使用的物品采购提供支持"和"与美国国家安全或外交政策利益背道而驰"为由，宣布将中国33家科技企业和科研机构列入"实体清单"。虽然，美国此时再次宣布将部分中国企业和机构列入实体名单，被部分专家解读为替特朗普拉升选情及在部分议题上迫使中国接受美方条件。但究其实质，美国此举是在继续执行特朗普政府既定的与中国科技脱钩的战略。

长期以来，美国凭借科技优势占据了全球产业链和价值链顶端，攫取了高附加值，掌控了全球产业转移的方向。美国深知科技发展对于经济繁荣和国家安全的重要性，认为只有保持自身在科技上的领先优势，才能继续称霸世界。从这一逻辑出发，美国将"科技脱钩"作为遏制其他国家发展、称霸世界的重要手段之一。冷战时期，任何威胁美国科技霸权的国家，无论是敌人还是盟友，美国都严厉打压。美国运用"巴黎统筹委员会"对社会主义国家进行军品和军民两用技术出口管制。20世纪80年代，为遏制日本科技实力的快速增长，美国采取措施加强对日本科技情报流出的限制。特朗普入主白宫后，强化冷战思维，重拾大国竞争战略，认为中国从贸易到科技的全面崛起，已经成为美国最大竞争对手。因此，在科技领域，美国试图针对中国制定和实施"科技脱钩"战略，打击中国高科技产业，遏制中国自主创新能力，阻止中国发展。

短期内，美国的"科技脱钩"战略会对中国科技产业的发展造成一定冲击，但长期看，美国以"脱钩"遏制中国科技产业发展的图谋难以得逞。一方面中国有发展科技产业的比较优势和较强的抗风险能力。中国是拥有联合国产业分类中全部工业门类的唯一国家，在产业链、产品链的生产制造综合配套优势显著。中国在高科技领域，形成了全球最全面的高科技产业链和规模仅次于美国的全球第二大高科技产业生态，同时还拥有全球第一大互联网市场和高科技市场。美国当前针对中国全面实施的技术创新封锁和围堵战略，只会倒逼中国依靠全面提升基础研究、应用基础研究、关键核心技术创新、颠覆性技术创新能力，来促进形成产业链、产品链的自主创新能力体系和国际竞争优势，倒逼中国依靠迅速扩张的庞大本土内需市场，推行创新型国家建设，顺利跨越"中等收入陷阱"。

另一方面，对中国"科技脱钩"是一把双刃剑，将伤害美国的科技产业发展。首先，中国是美国科技产品的重要市场，中国的科技企业是美国科技企业相关产品和专利的重要客户。美国企业作为中国科技企业重要的零配件供应商，恰恰是搭上中国企业和产品的顺风车走向了全球。其次，美国军方和战略界最担心的是中国在颠覆性前沿技术上对美国实现赶超。"脱钩"策略无法改变美国创新领域以民间为主的投资结构，美国政府无法要求民间将投资重点放在风险高、收益不确定的前沿技术领域。美国科技企业失去中国市场后，盈利下降，将降低这些企业投入前沿技术研发的意愿和能力，美国的科技潜力必然受到影响。美国前财长亨利·保尔森曾指出，美国必须在技术方面维持自己的领先地位，但不应该以脱钩的方式阻碍中国技术进步，割裂的技术世界将破坏美国产业和创新生态，甚至可能使美国失去技术竞争力，也会导致美国在发展最快的行业无法融入全球供应链，美国作为最具吸引力的投资目的地的地位也难以为继。

此外，美国针对中国的单边"科技脱钩"战略将使全球科技发展遭受巨大威胁。在经济科技深度一体化的当今世界，中美是世界最大的两个经济体和科技体。中美科技脱钩必然导致全球市场的分割、技术标准的分裂，势必将大大阻碍世界科技创新和应用，破坏成熟的全球价值链、产业链和供应链。许多国家不得不面临"选边站"的难题，给本国企业发展制造巨大成本和不便，阻碍这些国家的科技和经济发展。

鉴于特朗普入主白宫以来，美国已经做了不少"损人害己"的事，美国暂时不会放弃在科技等领域与中国脱钩的图谋，未来可能还会有其他中国企业和机构进入美国的"实体名单"。中国有句俗语"固执的人将一直沿着错误的道路前进，直到撞到墙壁"，那就让我们等着美国"撞墙"吧。

78

第78讲 杂文写作

　　杂文是文艺性论文，是一种以议论为主，并将议论、叙事、描写、抒情融为一体的文章。凡是侧重于议论说理而又具有形象生动、精悍灵活，或具风趣幽默等特点的议论文，统称作杂文。杂文既具议论文性质，又具文学作品的某些性质，因此，杂文是议论文中的一种特殊文体。杂文内容丰富，形式多样，杂谈、杂论、随感录、随笔、札记以及日记、书信、短评、编后、序跋、讲演等，都可以称为优秀杂文。

　　杂文作为一种特殊的议论文体，既具有议论文的特点，又具有文艺作品的某些特点。优秀杂文是说理性与文艺性的有机结合，论辩性与抒情性的完美统一。杂文有以下基本特点：

　　一是鲜明的政治性。杂文的任务之一是宣传党的路线、方针、政策，反映群众呼声，澄清社会视听，引导社会舆论，为社会主义两个文明建设服务，具有直接为政治服务的特点。它借助于对事实或社会现象的剖析，颂善罚恶，阐明真理，引导人们正确认识事物，分析社会。

　　二是强烈的时代性。无论哪个时期的杂文，都具有那个时代的特色和印记，都体现那段历史的发展轨迹。杂文的价值最主要反映在为社会生活服务上。当代杂文，无论是谈古论今，还是托物言志，都是针对时事而发的，都是为现实服务的。杂文与时代的脉搏息息相通，一起跳动，它对不利于社会发展的事物进行批评，对于有利于社会发展的新生事物给予支持。杂文是对时代的及时反映，成为时代的一面镜子，时代的风云变幻，时代的斑斓色彩，通过杂文的一斑的窥见，可识时代的概貌。

三是雄辩的论理性。杂文以议论为主要表达方式，它对事物的分析强调揭示事物的本质，文章不仅有明确的论点，而且有严密的论证。它不像小说等文学作品那样，间接流露作者观点，而是直接发表议论，直接评论，直接表达作者的主张，既不吞吞吐吐，也不含含糊糊。杂文论辩说理尖锐泼辣，以其雄辩的说理性和很强的战斗性，发挥着宣传真理，扬善惩恶，明辨是非的作用。

四是独特的文艺性。杂文是议论文中具有文艺性特色的文体，它除了论说文的一般特点外，还具有运用生动形象和文学语言说理的特点。杂文与一般论说文的区别，在于生动的文艺性。

五是取材的广泛性。杂文取材十分广泛，内容的触角涉及社会生活的各个领域，政治、思想、经济、教育、军事、历史、天文、地理、人生万象无所不谈。它既不像政治评论、文学评论那样选题要有侧重性，也不像学术论文那样，要求专业性。杂文内容谈天说地，道古论今，纵横联系，可跨越任何学科，以杂感杂谈而见长，内容无所不包，形式不拘一格，材料杂取四方。一则新闻、一篇故事、有代表性的几句言论、一首诗、一幅画、文学作品中的典型情节，或者是寓言、俗语等，都可以作为杂文的"材料"。

六是高度的精悍性。杂文是以精粹的语言将深邃的哲理、独到的思想、有益的知识熔于一炉，篇幅要求短小精悍。一般说来，议论文都要求精练，强调宁短勿长，但是也有几千言、上万言甚至几十万言的长文，历史上有人写一篇社论长达十几万字。而杂文则很少见长篇宏论，篇幅最短的不足百字，一般在千字左右，三千字以上的比较少见。杂文讲究用语高度凝练，言简意赅，以精练的文字，反映深刻的思想，蕴含丰富的内容。

杂文篇幅较短，写作一般是选材"大中取小"，立意"小中见大"；论理虚实结合，就实论虚；借用文学笔调，运用形象说话。具体写作方法有：

1. 借题发挥法。这是杂文写作常用的一种立论方法。"醉翁之意不在酒"，借题发挥，重点不在题目本身，而在于发挥。所发挥的东西必须紧密结合当前实际，具有很强的现实针对性，能引起读者热切的关注和深沉的思考，才能把杂文写好。

2. 对照印证法。对照与印证也是杂文写作常用的方法。对照是将两个人或两类事物的相反的特点放在一起互相对比映衬，或将同一个人或同一事物不同时期的不同情况放在一起互相对比映衬，通过对比，达到贬斥、否定或一贬一扬的效果。印证是把两件表面上看起来似乎互不相干的事放在一起，进行相互对照，相互印证，透过现象抓住本质，从而得出结论。

3. 借古论今法。借古论今法，具体又分为借古喻今法和以古鉴今法。借古喻今，即引用古代的事例论说现实的事理。借古喻今，关键是要选准"古"，要选典型、有益的"古"，要选和"今"有紧密联系的"古"，这样才便于"借"和"喻"。在写法上，可就事论理，也可借题发挥；可先古后今，也可先今后古，方法可灵活多样，不拘一格。以古鉴今，就是用古人古事作为借鉴来对照分析今人、今事。古人古事多已成为"定理"，人的社会作用、事的性质特征已被历史所限定，而今人今事却仍在发展中，其中不乏有难懂迷茫之现象。一般说来，借古是一种手段，鉴今才是目的。具体写作中，有的以谈古为主，鉴今很含蓄隐蔽；有的则以写今为主，谈古只寥寥几笔。古，可以是足资效法的正面材料，也可以是当引以为戒的反面事实。在使用中，古今要切合，分寸要得当，要以理服人。

4. 托义于事法。把某些思想寄托、蕴藏在具体的事物中，让读者从中感知，用事明理，就是托义于事。义寓事中，由此及彼，点化主题。理在例中未点明，但却异常突出鲜明。

5. 设靶论战法。设靶论战，即设立靶子，找准目标，进行论战。杂文同其他议论文一样，写作要求之一是要有的放矢，要有很强的针对性。要针对现实问题，撰写杂文，设靶论战法不失为一种好方法。它常常是把与自己论点相反的各种已有的和可能的错误观点列举出来，予以反驳和抨击，一一否定，从而间接证明自己论点的正确性。设靶论战，可设置多个错误观点为靶，也可设置一个错误观点为靶。

6. 先纵后擒法。先纵后擒是杂文写作中一种驳论方法，它对对立观点貌似有理或似是而非的观点，先不单刀直入正面批驳，而是故意绕一点弯子，然后把论敌驳倒。运用这一手法，关键是要弄清论敌在什么地方失误，找准敌论的"缝隙"下手，做到有目的地"纵"。"纵"的方法很多：可以先顺着论敌的话说，一步一个机关，把对方引进自相矛盾的死胡同；也可以对敌论进行合理的引申，尔后显露出它的谬论。总之，"纵"是为了"擒"，不要无目的地"纵"，否则就会离题而削弱战斗力。

7. 杂取类型法。杂取类型是杂文常用的驳论方法。它是用形象概括某一类人的共同性格，这种方法通过对社会类型的刻画，使文章具有形象性和艺术感染力。通过类型人物的概括，深刻地揭示了某些社会本质。杂取类型方法的运用，作者必须对社会生活有敏锐的观察力，高度的艺术再现力，才能取得成功。

8.顺手一击法。顺手一击是指在杂文中作者本来是在谈论某个专门的问题，但适当之处发挥开来，联系某件事或者某个人，"于顺便中，则偶刺之"，这样不露形迹地顺便刺他一下，击中论敌要害。

例文：

差不多先生传

胡 适

你知道中国最有名的人是谁？

提起此人，人人皆晓，处处闻名。他姓差，名不多，是各省各县各村人氏。你一定见过他，一定听过别人谈起他。差不多先生的名字天天挂在大家的口头，因为他是中国全国人的代表。

差不多先生的相貌和你和我都差不多。他有一双眼睛，但看的不很清楚；有两只耳朵，但听的不很分明；有鼻子和嘴，但他对于气味和口味都不很讲究。他的脑子也不小，但他的记性却不很精明，他的思想也不很细密。

他常说："凡事只要差不多就好了。何必太精明呢？"

他小的时候，他妈叫他去买红糖，他买了白糖回来。他妈骂他，他摇摇头说："红糖白糖不是差不多吗？"

他在学堂的时候，先生问他："直隶省的西边是哪一省？"他说是陕西。先生说："错了。是山西，不是陕西。"他说："陕西同山西，不是差不多吗？"

后来他在一个钱铺里做伙计；他也会写，也会算，只是总不会精细。十字常常写成千字，千字常常写成十字。掌柜的生气了，常常骂他。他只是笑嘻嘻地赔礼道："千字比十字只多一小撇，不是差不多吗？"

有一天，他为了一件要紧的事，要搭火车到上海去。他从从容容地走到火车站，迟了两分钟，火车已开走了。他白瞪着眼，望着远远的火车上的煤烟，摇摇头道："只好明天再走了，今天走同明天走，也还差不多。可是火车公司未免太认真了。八点三十分开，同八点三十二分开，不是差不多吗？"他一面说，一面慢慢地走回家，心里总不明白为什么火车不肯等他两分钟。

有一天，他忽然得了急病，赶快叫家人去请东街的汪医生。那家人急急忙忙地跑去，一时寻不着东街的汪大夫，却把西街牛医王大夫请来了。差不多先生病在床上，知道寻错了人；但病急了，身上痛苦，心里焦急，等不得了，心里想道："好在王大夫同汪大夫也差不多，让他试试看罢。"于是这位牛医王大夫走近床前，用医牛的法子给差不多先生治病。不上一点钟，差不多先生就一命呜呼了。

差不多先生差不多要死的时候，一口气断断续续地说道："活人同死人也差……差……差不多，……凡事只要……差……差……不多……就……好了，……何……何……必……太……太认真呢？"他说完了这句话，方才绝气了。

他死后，大家都称赞差不多先生样样事情看得破，想得通；大家都说他一生不肯认真，不肯算账，不肯计较，真是一位有德行的人。于是大家给他取个死后的法号，叫他做圆通大师。

他的名誉越传越远，越久越大。无数无数的人都学他的榜样。于是人人都成了一个差不多先生——然而中国从此就成为一个懒人国了。

第 *79* 讲　随感写作

随感是抒发所见所闻感想的议论文体。随感有狭义和广义之分，狭义上的随感是作为杂文的一种，广义上的随感包括读后感、观后感等一切因事而发的感想类议论文。

依据不同的分类标准，随感有不同的分类方法。以其内容可分为思想随感、经济随感、军事随感、文学随感、艺术随感等。以引发感想的缘由和对象的不同可分为阅读随感、影视观感、参观随感、访问随感、旅游随感等。

随感内容丰富、取材广泛、形式多样。涉及政治、文化、经济、军事等领域，思想、道德、文学、艺术等方面。可以取材于现实生活中的一件事情、一则新闻、一种现象，也可以从一首诗歌、一条谚语、一句格言、一个故事、一幅漫画等入题，生发联想，揭微显隐，以小见大。形式以形象的说理为主，也可夹叙夹议，以书信、日记、对话等形式出现，不拘一格。谈天说地，评人议事，驰骋想象，生动活泼。

随感的结构，一般分成开头、正文、结尾三部分。随感写作要注意以下几点：

一是抓住一点，进行立题。要抓住自己感触最深的一点展开写作，不是面面俱到和泛泛而谈。

二是围绕中心，选择材料。所选用的材料要与中心论点相统一，能充分证明论点，使立言建立在有力的论据之上。

三是联系实际，反映现实。要联系个人亲身的实践活动和当前的社会实际，并注意将人们的思想愿望、时代要求，与自己的思想感受认识融汇在一起，使文章具有鲜明的时代特色。

四是内容表达，"述""感"精当。要防止有"述"无"感"和有"感"无"述"两种倾向。"述""感"要紧密结合，"述"和"感"虽可有所侧重，但不能分离。

五是议论忠于事实。随感对所引发事由的议论、评价必须忠实于事实，从事实出发。不能离开事实去发表议论和感慨。

六是叙述简明扼要。叙事和引用简明扼要，突出重点，叙事不要太详细，引用不要过多过长。

例文：

海鸥与飞鱼

李 贇

在南海调研的十几天中，一大半的时间我们都处于海上航行状态。每天早晚时分，我都会登上甲板，去看望在航行中认识的两位新朋友——海鸥与飞鱼。

南海的海风本来风速就大，再加上高速行驶的军舰，在迎风一侧的甲板上，人站着都有些费劲。可就是在这迎风的一侧，却总能看到十几只海鸥展翅翱翔，而且风越大海鸥的叫声越是欢快。看似海鸥是在逆风翱翔，但实际借助风力，它们却可以不用挥翅，仅凭滑翔就可长时间地滞空和加速上升。这不禁使我想到了我们每个人都可能遇到的人生逆境。对于人生而言，换一种角度，苦难是一笔财富，挫折则使人成熟。这就像逆风而行的海鸥，如果能够以积极进取的心态应对挫折，从挫折中成长完善自我，那么这些所谓的挫折将会成为"飞得更高"的助力。

如果说海鸥是逆风飞翔、化苦难为动力精神的代表。那么飞鱼则是无惧风险、追求理想的化身。南海常见的飞鱼只有十厘米左右长，站在甲板上看去，就像一只小燕子。每当有船只经过，受到船只引擎震荡声的刺激，飞鱼就会跃出水面，低空滑翔。站在甲板上看着船边不断跃起的飞鱼，我不禁想到"只要有理想，就可以飞翔"这句话。虽然飞鱼跃出水面振翅飞翔时，容易成为海鸟的食物，但是飞翔是飞鱼的特质，是飞鱼之所以为飞鱼，区别其他鱼类的显著特征。在追求理想的过程中，总是机遇与挑战，甚至与风险并存，但就像飞鱼一样，不能因为畏惧风险而停止飞翔，就算是为理想献身也在所不惜。

80

第80讲 叙事诗写作

叙事诗是以叙事为主,借事抒情,将叙事和抒情融为一体,用以反映生活,表情达意的诗歌。

叙事诗按照反映生活的内容划分,分为史诗和故事诗等。史诗多根据某些重大历史事件、英雄传说、民族征战、部族迁徙等加工而成。故事诗又称普通叙事诗或一般叙事诗。它多取材于现实生活,将现实生活中的人物、事件和情景加以艺术概括,用诗的形式反映出来。

叙事诗同抒情诗相比较,有以下三个基本特征:一是有较为完整的故事情节。一般都有故事的开端、发展、高潮和尾声。二是抒情与叙事紧密结合。三是人物、场景的描写性。叙事诗虽然以叙事为主要手段,以抒情为根本目的,但它也离不开描写,尤其是在塑造人物形象和再现故事背景时。

叙事诗的写作应注意以下几点:

一是取事宜简,事简而意丰。叙事诗的取事,应严格遵照"以简为主"的原则进行。即从纷繁复杂的诸多事件中,选取那些最富有本质特征的事件,进行高度概括地记述,使有限的文字显示出较为丰富的思想意义,达到"文约而事半"或"事简而意半"的效果。

二是用事贵活,事活而情深。一是根据诗的主题取事,围绕主题抒发感情;二是用事要精心剪裁,即将事进行诸多融合变化,使之活起来。这是叙事诗在用事上的写作技巧。

三是用典要巧,借事而融情。在写诗时,往往要用典故,即借古人之事,古诗之作,写入自己的诗中,这是一种借事融情或借事抒情的手法。

四是叙事有别，详略而得体。叙事不能平铺直叙，不能不分详略，应该根据内容表达的需要，感情强弱的节奏，确定叙事的详与略、繁与简。凡事情与主题关系密切者，与感情抒发直接者，应该详叙，否则就应该略叙，这样才能使叙事诗在取事用事上疏密相间、详略得体，使叙事诗在其内部组织上体现诗歌的节奏感。

例文：

旗　　帜

张世明

30 年前

三中全会　高扬起改革开放风帆

解放思想　实事求是

拨乱反正　力挽狂澜

南巡讲话　绘宏伟诗篇

有中国特色的社会主义道路

得民心　顺民意　促发展

华夏告别贫穷走向富裕

巨龙腾飞令世界刮目相看

光辉的理论

深深铭刻进党史文献

20 年前

受命于危难

坚持路线不动摇不改变

继往开来　与时俱进

顺应时代潮流发展

驾驭开拓进取航船

揽香港澳门回归祖国怀抱

一国两制构想终得实现

三峡工程　长江树新姿

西部开发　铁路通高原

"三个代表"载史册

为全党作行动指南

新世纪　新起点

寒冬冒雪赴平山

缅怀革命优良传统

西柏坡精神薪火相传

关注民生体察民情

促祖国建设事业又好又快发展

神七飞天冲霄汉　五星红旗在太空招展

全球聚焦北京城　奥运圣火汇鸟巢点燃

实践科学发展观　以人为本建和谐家园

战世界金融危机　向世人展示大国风范

民族团结共携手　和平曙光映海峡两岸

回首蹉跎岁月　波澜壮阔入画卷

中国特色社会主义伟大旗帜

始终固守在炎黄子孙心间

高高飘扬在共和国的蓝天

永远指引中华民族阔步向前

81

第 *81* 讲 抒情诗写作

　　抒情诗是以抒发诗人主观思想感情为主要内容，用以感染和打动读者心灵的诗歌。

　　抒情诗按照不同的分类标准分为若干类型。

　　按照内容划分，分为政治抒情诗、一般抒情诗和爱情诗等。政治抒情诗，所抒发的思想感情，其政治色彩、时代气息较为浓烈，多是抒发爱国主义、国际主义、集体主义、共产主义精神，革命和建设等豪情壮志。政治抒情诗中，还包括政治讽刺诗，它主要是运用夸张、嘲讽等手法，揭露、批判消极和落后的诗作，用以表达作者所憎恶、反对的思想感情。一般抒情诗，所抒发的多半是各种人之常情，包括风情、乡情、友情、人情、亲子之情和离情别叙之类。爱情诗是专写男女之间恋情的一种抒情诗。

　　按照抒情情调划分，有颂歌、哀歌和牧歌等。颂歌是歌颂伟人领袖、英雄豪杰、祖国人民的抒情诗。哀歌亦称挽歌、悲歌、悼歌，是抒发对离世的人和事思念和痛悼之情的抒情诗。牧歌是描写牧民或农村生活的短小抒情诗。

　　按照时代划分，有古典抒情诗和现代抒情诗。

　　抒情诗是诗歌的精英，诗歌的特点在抒情诗中体现得最集中、最突出。一是抒情诗具有直接而强烈的抒情性，这是抒情诗的基本特征。二是有鲜明而突出的抒情主人公。所谓抒情主人公，即抒情诗作者本人。他是贯串全诗的一条红线，也是抒情的主体。当然，抒情主人公所抒发的感情，绝不限于诗人个人之情，好的抒情诗，要抒发时代之情、人民大众之情。是抒情主人公之情同时代之情、人民大众之情的有机统一、高度融合。三是瞬息和片断的客观形象描写。往往捕捉那些片断的、富有特征的、稍纵即逝的形象，来抒发作者的强烈感情。

抒情诗的写作，除了诗歌的一般写法技法之外，还有一些较为常用的抒情笔法。这主要是直接抒情和间接抒情两大类型。

1. 直接抒情。即不依靠任何抒情凭借，直接抒发诗人强烈感情的一种抒情方式。一是直陈肺腑。就是把内心深处的真实感情不加任何修饰地披露出来。二是强烈呼告。就是用慷慨激昂的言辞，急促而明快的节奏，将诗人强烈的爱憎感情，像火山爆发、洪水开闸似地喷吐和倾泻出来。三是反复咏赞。就是用复叠和回环的方式，突出和强化某一诗节，使感情抒发在重叠回环中向纵深拓展，而且富有一赞三叹的音乐抒情效果。四是妙语连珠。就是用连珠炮似的优美、整齐的语言，倾注和抒发诗人那种不可遏制的感情。五是娓娓诉说。就是慢条斯理、娓娓道来，像小河流水或春蚕吐丝那样，较为舒缓地抒发思想感情，这种抒情方式容易触动读者的心灵。

2. 间接抒情。即仰仗一定的抒情凭借来抒发思想感情。这种抒情凭借，可以是景，可以是事，可以是物，可以是理等等，也就是借景抒情、借事抒情、借物抒情和借理抒情等，或称融情于景、融情于事、融情于物和融情于理等。

例文：

基　地　颂

姚赛　孟兴华

当岁月的年轮
又一次画圆
当绚丽的画卷
再一次铺展
一个强军的呐喊
在胸中澎湃作响

基地官兵

龙吟戈壁

虎啸草原

踏着新军事变革的浪潮

搏击风云

驰骋在辽阔的演兵场

82

第 *82* 讲　哲理诗写作

哲理诗是哲理化的诗，是诗的哲理化。哲理诗是诗的形象性、抒情性同哲理性的有机结合。它是通过一定的艺术形象，揭示某种理义、表达某种理趣的诗。这类诗侧重作用于人们的理智，给人以智慧，引起人们对世界对人生的思索与理解。

哲理诗具有哲理性、形象性和抒情性等特点。哲理性是哲理诗的核心。哲理诗要揭示一个哲学道理——讲出带有本质规律性的东西，从而给人们以启示。形象性是哲理诗的基础。一首优秀的哲理诗，除了具备哲理性之外，还必须同时具备形象性，即一定的哲学道理，要通过具体、生动、感人的艺术形象反映出来。抒情性是哲理诗的本质。哲理诗要反映出作者强烈的爱憎感情，跳跃着的可以触摸到的脉搏。

哲理诗写作可采取以下方法：

1. 就事论理。即揭示哲理或道理时，要以事实为据，通过一定的事实概括出道理来。其"理"是从"事"中显露出来的。

2. 托物喻理。就是从赞扬或评析某一具体事物入手，用以说明一个较为深刻的道理，它往往把精湛、深刻、难懂的道理，巧妙地寄寓在具体、浅显、常见的事物之中。托物喻理的"理"，一般不直接说出来，它是暗含或者说寄托在"物"之中的。运用托物喻理的手法，要善于抓住事物的本质，要准确地把握喻体和本体之间的内在联系。

3. 对比说理。就是运用两个相似或相反的事物加以对比，揭示某种道理或哲理。对比说理往往是最有力的一种说理方式。

4.造型示理。即通过艺术形象的描写和塑造，来揭示某种哲学道理或一般事理。

5.层层推理。即揭示一个道理、哲理不用一次完成的方式进行，而是如剥竹笋那样，一层一层地剥去，一层一层地递进，从而把一个道理揭示得淋漓尽致。

例文：

雨 花 石

申 身

滴血红，月魂白……
生光，生色，斑斓多彩。
经受了大动荡的磨炼，
自己已非自己粗糙的原来。
没有辜负美的期待，
终于变成深深的爱。

生活是江河，历史是大海，
动荡，不仅在过去，也在将来
大浪淘沙，
该淘汰的，必被淘汰；
应存在的，必定存在。
谁在爱中居于高位，谁就不为泥沙所埋。
即使一时埋没，也终被挖掘出来。

第*83*讲　格律诗写作

　　格律诗，亦称"近体诗"或"今体诗"。近体诗是与古体诗相对而言的。我国古代把没有格律限制的诗统称古体诗。而近体诗或今体诗，是指唐代以后出现的有格律限制的诗体。

　　格律诗是在形式上有固定格式和律法限制的诗歌形式。这种固定格式和律法限制，主要指格律诗在篇章结构、句数字数、音韵对仗等方面，有一定之规，不像古体诗那样自由。

　　格律诗按照时间划分，有古典格律诗和现代格律诗两种。古典格律诗，是指我国古代诗歌中结构、声韵、对仗、句数、字数有严格限制的那一部分诗歌。如律诗、绝句等。现代格律诗，是指现代诗歌中，那些每节行数相同，每行字数相同，每节音步相同，各节韵脚位置相同的有严格限制的诗歌。

　　格律诗写作要把握以下几点：

　　一是在格律上要严格遵循规定。无论是律诗还是绝句或现代格律诗，在篇章、句式、字数对仗等方面，都要严格按照规定。做到篇有定句，句有定字；字有定性，而且在对仗上还要遵循严格要求，即字词的性质要相同，名词对名词，动词对动词，形容词对形容词等。格律诗还要做到押韵，即两句诗的句末一个字的韵母相同或相似。另外要做到平仄和谐，必须掌握格律诗的平仄规律。写格律诗时，这些规定性的要求不得违犯，如果违犯了就失去了格律诗的特点。

　　二是在声韵上要突出音乐美。格律诗是讲究声韵的诗，它不仅篇有定句，句有定字，而且一句诗的每一个字在平声、仄声的使用上，要求也很严格。一般来说，一句诗之中，平声和仄声要交错使用；两句诗之中，上下字的平声和仄声也要交错使用,使其字与字之间、句与句之间,乃至全诗在声韵上,有高低、强弱、快慢、长短、急缓之分,具有抑扬顿挫之音乐美。同时,在诗行的末尾,要押韵合辙,造成单韵的回环跌宕。

三是在语言上要做到高度概括。格律诗一般由四句或八句组成,其篇幅短小精悍,往往把较为丰富的内容凝聚在有限的字句之中,力求用最少的文字蕴含更多的感情容量。这就要求格律诗的写作要有高度的概括性。

四是在诗情上要蕴含内在美。格律诗在诗情画意的表达上有别于自由诗,它往往把自己内心的思想感情进行高度浓缩,格律诗写作要注意在表情达意上富有内在美感。所作的格律诗能耐人品味琢磨,能引起读者更多的想象。格律诗要富有诗意和诗味,能给读者提供无限联想的余地。

例文:

七律·游中山公园感怀

董国全

重返圣坛临社稷,

御园美景令人迷。

为公天下中山愿,

保卫和平沫若题。

百岁苍松犹可见,

千年古柏世间稀。

土芳五色祈风雨,

永固江山志不移。

第*84*讲 散文诗写作

散文诗兼有诗歌和散文的优长，是散文化的诗，诗的散文化。

散文诗具有以下特征：一是小巧玲珑、疏散自然、清新流畅。散文诗一般都篇幅较短，少则几十字，多则几百字，它短小精悍，犹如兵器中的短剑，兵种之中的轻骑。散文诗写起来疏散自然，它不受任何格律的限制，可以押韵，也可以不押韵，比自由诗更加自由。散文诗的语言简洁、明快、清新、流畅，它行如流水，飘若浮云。同时，散文诗又比较蕴藉，它多用暗示和寓意，很少有直面与坦露。二是熔诗情、画意和哲理于一炉。散文诗有很强的形象性和抒情性，有时还具有哲理性，使人读起来有情景交融之美，尤其是它具有很强的内在旋律性。三是兼有诗歌、散文和音乐之美，集诗歌的精练、音乐的和谐和散文的灵活于一体。它有诗歌之美，篇幅短小，语言凝练，感情跳跃性大，有诗的意境。它有散文之美，题材广泛，表现灵活；以意为主，直抒胸臆；形散神聚，如线穿珠。它有音乐之美，明快、流畅，旋律突出，节奏感强。

散文诗的写作技法有多种，一般说来，其他诗歌形式的一些写作技法，对散文诗也是适用的。散文诗写作还要注意以下两点：一是以小见大。即在写作时，抓住小景物，透视大景物；用小事情，反映大内容；以小物象，揭示大主题。二是以少总多。即以数量较少的文字，反映较多的思想内容，抒发极为丰富的感情。"以一斑窥全豹""一叶而知秋""一粒沙里见世界"，是散文诗写作的常用方法。

例文：

我爱您——祖国温馨的黄土地

李 贇

世界是五彩的：蔚蓝的天空，碧绿的大海，雪白的冰川；黑色、红色、黄色的土地……如果有人问我最爱什么？我毫不犹豫地选择——祖国温馨的黄土地。是您把满腔的爱无私地献给人间。

祖国温馨的黄土地，您是勤劳的象征。万物还在冬眠，您首先醒了。您牵着春姑娘，笑盈盈地出现在人间。您穿上丛林、青苗和小草织成的翠绿春装，又用艳丽多彩的百花装点漂亮的容颜。您把暖风吹向春野；您把甘露洒向春田；您把芳香送到千家；您使处处春意盎然。啊！祖国温馨的黄土地，您把美丽和温暖带给了人间。

祖国温馨的黄土地，您是慈爱的象征。春去夏来，赤日炎炎。您让杨柳树枝繁叶茂，您让皂荚树长出雄冠，让它们像一把把绿色大伞为人们遮挡烈日。若论出汗，您最多，最多，可您又把它化作凉风、彩云、细雨，飘洒给人民。祖国温馨的黄土地，您把一腔的情和爱献给人间。

祖国温馨的黄土地，您是慷慨无私的象征。金秋里，您哺育苹果、梨、橘子、香蕉、板栗、柿子……让成熟的百果争向人民贡宝。您催促稻子、玉米、谷子、高粱、大豆……让丰登的五谷齐为人民献情。祖国温馨的黄土地，您把一年的丰硕收获献给人间。

祖国温馨的黄土地，您是奋斗不息的象征。冬天来了，劳累了一年的您应该休息了，可您却不。直到您盖上了厚厚的雪被，心脏仍在跳动，热血仍在奔流，您又在哺育着新的生命，孕育着新的春天。啊！祖国温馨的黄土地，您把毕生的精力献给了人间。

第85讲　词写作

　　词，亦称诗条、长短句、曲词、曲子词、乐府、琴趣等。词是中国格律诗的一种特殊形式，也是一种合乐的诗体。它起始于南朝，定形于中晚唐，盛行于宋朝。故有"唐诗、宋词、元曲、明清小说"之称。可见它在中国文学史上具有重要地位，曾经是一定历史时期最受人们欢迎的文学形式。

　　词按照不同的分类标准，又可以划分为若干种类。按照篇幅的长短划分，一般可分为小令、中调和长调三种。小令，即"引子"，是最短的词。中调，即"过曲"，是长于"小令"而短于"长调"的词，一般把59~90个字的词称为"中调"。长调，即"慢词"，是词中最长的词。一般把91个字以上的词称为长调。

　　按照层次段落划分，词又有单调、双调、三叠、四叠的区别。词的一段叫"片"或"阕"。表示乐曲已过了一遍。单调，即不分段的词，一般都是小令，如《十六字令》。双调，即一首词分上下两片。双调词在小令、中调和长调中都有。三叠和四叠，即一首词分三片或四片的词，一般皆属于长调词。

　　词既然是诗歌中的一种，而且又是古代格律诗的一种特殊样式，因此，在写作特点上，必然具备诗歌写作的共同特点，尤其是与古代格律诗有很多相似之处。词的写作基本特征，有以下几方面：一是浓郁的抒情性。二是篇章的固定性。词有固定的词牌，每一词牌片数固定，句数固定，字数固定，而且句式有长有短，参差不齐，这是词在篇章结构上的写作特点。三是高度的音乐性。最初的词都是"合乐而唱"的，所以它的音乐性特别强。每一个词牌都规定了应该押韵的地方，该押韵处必须押韵。

　　词写作的主要技法，除与格律诗写法大体相似外，还有几个独具的写作技法。

1.起结。起结是讲填词开头和结尾的艺术。起即起句，结即结句。因词有小令、中调和长调的不同，其写作特点也不一样。一般来讲，小令篇幅短小，具有言短意长的特点；中调长短居中，特别讲究身段、骨肉匀称；长调慢声吟歌，尤其要操纵自如。由于它们在整体写作上各具特色，因此在起结句上也有不同要求。一般来讲，小令的起结句，其特点是：起句要着笔入题，意在笔先，不允许有铺陈、夸饰之类的闲笔，往往开门见山，多用侧锋；而结句要意留言外，不能拖泥带水，往往宜用重笔收束，给人留下思考联想的余地。长调的起句，应蓦然而来，如猛虎下山。长调的结句，往往悠然而去，前结，即上片结句如奔马收缰，有往而不往之势，为下片留有余地；后结，即下片结句如河流入海，有尽而不尽之意，令人回味无穷。

2.转折。转折即婉转曲折的表现手法。填词与写诗不同，诗以雄直为胜，好像长江大河，一泻千里；而词以婉转为佳，恰似九江潇湘，一波三折。词抒情好似京剧舞台上的"娇女步春"，以优美的婀娜丰姿迷人。词以层层转折，愈转愈深，曲折委婉地表达了词人情感，使读者真正品味到词的婉约之妙。

3.衬逗。衬逗，又称"领字"，它是填词使用虚字的艺术。填词使用虚字，多在一句开头处使用，有领起下文、连结和强调等作用，也是词作的习惯用语，使用衬逗可以增强词的文体感。

4.过片。过片，又称换头。讲的是片与片之间的衔接艺术。凡由两片以上组成的词，上片与下片之间就有一个过渡和衔接的问题。衔接好，词的结构就严谨、细密，衔接不好，其结构就松散、懈怠。古人填词，在过片上讲究承上启下、藕断丝连，既平缓又稳重。上下片有着千丝万缕的联系，所以处理好过片，对提高词的结构艺术关系甚大。

例文：

念奴娇·军旅感怀

董国全

交集百感，忆当年，戎马生涯重现。

年少从军别故地，岁月风华惊艳。

守备东山，戍边塞外，热血涂肝胆。

今生无悔，历经艰难磨难。

遥望锦绣山川，旖旎如画，能不着人恋？

沙场演兵驰大漠，立誓卫国偿愿。

烈烈军旗，巍巍战阵，曾与钢枪伴。

蓦然回首，晚霞风景无限。

86

第*86*讲　散文写作

　　散文，有广义和狭义两种解释。广义散文是指凡不属于韵文范围的所有文体，狭义散文是指和诗歌、小小说、戏剧相并列的一种文学作品样式。我们这里所谈的是狭义散文。

　　散文能够迅速敏捷地反映现实生活，具有取材广泛、形式多样、写法灵活等特点。

　　题材广泛多样。散文的取材十分广泛，不受时间、空间的限制。可以写人，记事，也可以描绘景物，抒发感触，大可以写广阔的宇宙，小可以写花草昆虫，可写重大题材，也可以写一般题材。

　　形式自由灵活。散文的形式，可以根据内容的需要自由调度，灵活变化，没有固定的格式。有的散文按时间推移组织全篇；有的散文按空间变换结构成篇；有的散文记写一个片断，描述一个场面，摄取一个镜头，摹写一个物件；有的散文结构巧妙、精细，有的则浑然天成、朴素无华。总之，散文可以自由灵活地将人、事、景、物，融合作者的感情，自如地组织于一个题目之下。

　　篇幅短小精悍。散文短小精悍，往往是撷取时代激流中的朵朵浪花，反映出波澜壮阔的时代精神。根据作者的所见、所闻、所思、所感，从一事一物来表现有深刻意义的主题，从生活的一个片断一个侧面来展现丰富多彩的现实生活。

　　手法丰富多变。散文的表达方法很多，如记叙、描写、抒情、讨论、说明等。散文常变换灵活地应用多种表现手法，在一篇散文中各种手法交错使用，灵活多变，融为一体。在描写中，有的直接写景状物，有的把自己的感觉直接告诉读者，把抒情与写景结合起来。在抒情之中，又含有议论，通过议论抒写情怀，表达对人生的看法。

文笔优美动人。散文很讲究文笔的优美，注重语言的锤炼。散文的吸引力和感染力，在很大程度上取决于语言的魅力。散文的语言简洁精确，言简意赅，洗练的行文蕴含丰富的内容，并且有浓郁的感情色彩。散文的语言或绚丽多彩，或朴实清新，把作者对生活的感受、内心的情感完美地抒发出来。

散文包括的范围很广，品种也很多，按其内容的差异和表达方式的不同，可以分为叙事散文、抒情散文和议论散文三大类。

叙事散文是以叙述事件、描写人物为主的散文。在这类散文中，有的着重记写、刻画人物，以人物为全篇的中心；有的侧重记写一定的风物、场景，作者对它们不是纯客观的描述，而是将外物与内情融合起来，以表达一定的思想、抒发一定的感情。叙事散文既有一般记叙文的要素，更用适当的描写、议论以及其他表现手段，文章富于形象性、生动性。

抒情散文是以抒发作者感情为主的散文。主要抒发作者对现实生活的感受、激情和意愿。抒情散文通常清新隽永，洋溢着动人的诗情画意，寓意深刻，饱含着鲜明的爱憎感情。它往往运用象征的手法，有着深远的意境、澎湃的激情，并富有含蓄性。

议论散文又叫说理散文或哲理散文，是以说理、议论为主的散文。这类散文观点鲜明、概念准确、说理充分、层次明晰、以理服人，而且具体、生动、形象，从道理上说服读者，从感情上打动读者。

一篇优秀的散文，应能够深刻反映现实生活，有鲜明的时代主题，完整严谨的艺术结构，丰富贴切的想象以及优美的语言。写作中应把握以下几点：

一是立意要新颖深刻。立意就是在下笔前先明确写作意图，确立主题。散文的立意要新颖，不能走别人走过的路。同样的一个题材，别人已从这个角度写了，我们就要从其他角度去写，力求出新意。同时主题要深刻。主题是文学作品的"灵魂"，散文往往写的是生活中的一个片断或人物的一个侧面，看起来似乎很平凡，作者要善于从平凡的题材中，去发现、挖掘出深刻的思想，只有这样，作品的主题才会深刻，教育意义才会增强。

二是选材要典型精当。散文反映的虽然是现实生活中的一桩事，一个生活片断，一个人物的侧面，或作者的一种感受，但要考虑到它的典型性。选材要能正确反映出时代的精神面貌和生活中本质的东西。选材还要精当，要考虑主题的需要，凡与表达主题无关的材料，虽好，也应毫不吝惜地舍去。

三是构思要精巧严谨。为了很好地表现主题，提高散文的思想艺术力量，必须注意艺术构思。构思贵在精巧，力求别开生面，不落俗套，但不能离开生活、故弄玄虚，而要从生活实际出发进行构思。特别是安排结构要严谨，前后要照应，层次要清楚，做到层层深入，又富有变化和起伏，达到引人入胜的艺术效果。

四是语言要精练优美。散文的意境是用语言表达出来的。文情并茂，才能称为佳作。因此，散文语言要精练、优美、朴素、含蓄。字句要短少，内容的含义要丰富、深刻，做到言简意深。语言要清新明快，生动活泼，富有感情色彩、形象性和音乐美。读起来要给人以美感。要平易自然，反对故作艰深。要善于从大众的口语中提炼富有浓郁生活气息的散文语言，去粉饰，见真意，体现自然美。同时，散文还应该写的含蓄一点，要给读者留有想象的余地。言尽而意未尽，耐人寻思。

五是联想要丰富贴切。散文在行文上不应仅是就人写人，就事写事，就物写物，就景写景，而需要由近及远，由此及彼，由人及物，因情写景，要善于展开丰富的联想。优秀的散文，总是托物言志，借景抒情，因事喻理，来深化作品的思想内容，增强艺术的感染力量。散文要有丰富多彩的联想，不仅是个技巧问题，首先是个生活积累和知识积累问题。生活贫乏，知识浅薄的人，不可能有丰富多彩的联想，也不可能写出文情并茂的散文。散文中的联想，必须贴切、实在。这就要求要找到联想的事物间的本质共同点，或者找到联想的事物贯串起来的线索。散文中的联想，还应当新颖、独创。

六是感情要真切朴实。散文是一种需要有丰富感情的文学样式。尤其是抒情散文，总是包含着作者饱满的激情。写作散文，要充分抒发情感。可以直抒胸臆，可以间接流露，把情感隐含于行文之中。一般在叙述中有抒情，在议论中有抒情，在抒情中夹叙夹议。散文的情感必须真切、质朴，决不能空洞感叹，由衷的而不是做作的感情才会激动人心。散文作者应该通过情感的强烈抒发，尽情地表达对现实生活中美的赞誉，丑的鞭挞，抒写自己的意愿，做到饱满真切。要如此，重要的是对生活有深刻的理解，真切的感受，将自己健康的感情融注于要写的人、事、景、物之中。

例文：

党啊！亲爱的妈妈

孟兴华

每当我看到那鲜红的党旗，看到那镰刀与斧头组成的精美图案，心中就会荡起阵阵热潮，就禁不住想喊一声：党啊，亲爱的妈妈！

我的童年天真烂漫，无忧无虑，充满欢歌笑语。然而，一场意外的灾难却改变了我的命运，使我的童年曲折坎坷，使我的人生变得扑朔迷离。1976 年 7 月 28 日晚，正当我躺在妈妈的怀里甜甜地睡着，正当我在梦中用灵巧的小手勾画着未来美好蓝图的时候，死神却恶狠狠地向我逼来。凌晨 3 点 42 分，一道蓝光从远处的天边划过，迅速掠过大地，紧接着是地壳"咔咔"的摩擦声，大地剧烈颤抖……7.8 级大地震在我的家乡发生了。唐山——这座拥有近百万人口的重工业城市顷刻间房倒屋塌，变成了一片废墟。谁来挽救这座城市？谁来挽救上百万的生灵？苍天为之动容，大地为之悲鸣，风雨为之哭泣。

一轮旭日跃出东方的地平线，缕缕晨光撕碎了死亡那狰狞的面纱。嘹亮的军号声中，一支支救灾部队肩负着党和人民的重托，勇敢地开进了震区，展开了共和国历史上规模最大的救灾行动。官兵们不顾余震和生命危险，奋力抢救废墟下的群众，工具不够用，就用肩扛、用手扒。一位战士手指扒破了，露出了雪白的指骨，却不顾一切地把我紧紧地抱在了怀里。鲜血顺着手指滴淌，渗进了土地，也流进了我童年的心田。我的伤势很重，加上失血过多，不久便失去了知觉。

当我醒来的时候，已躺在了北京大红门消防队医院的手术台上。睁开双眼，映入我眼帘的是火红的领章、耀眼的军徽……一阵疼痛袭来，我哭喊着："我要爸爸，我要妈妈！"年幼的我哪里知道，身为总工程师的爸爸此时正全力落实李先念副总理的指示，为抢救 72 名煤矿工人的生命而日夜奋战在抢险的第一线，我妈妈因伤势过重已被送往了千里之外的上海抢救……

一双双关切的目光注视着我，一双双温暖的手伸向我。年过花甲的老政委每天到病床前看望我，给我讲保尔的故事；护士阿姨教我读书、写字；小朋友们每天陪我玩，送给我小礼物……就这样，在远离父母的异乡，在党的怀抱里，我得到了父母般的关爱。

1977年，经过三次手术治疗，我终于恢复了健康。出院前，我拉着老政委的手久久不愿离去。老政委抚摸着我的头深情地说："在旧社会，我是个放牛娃。是党把我从苦海中救出，培养成人。孩子，你要记住，今天同样是党救了你，给了你第二次生命，长大后要为党和人民多做贡献啊！"是啊，没有共产党，没有党领导的人民解放军，就不会有拔地而起的新唐山，就不会有164851名伤残人的新生命，更不会有现在的我……这一切一切，我都铭记在心。

1991年1月12日，是我终生难忘的日子，那天我光荣地加入了中国共产党，在党旗下庄严宣誓：为党的事业奋斗终生！在收获的季节，倾听新世纪的宣言，再次凝望那鲜红的党旗，热泪滚滚而下：党啊，是您给了我第二次生命；是您指引我一步步不断成长；是您谱写了中华民族继往开来的新篇章……在入党的那时那刻，千言万语涌上心头，而我却只想喊一声：党啊，亲爱的妈妈！

87

第 *87* 讲　童话写作

　　童话产生于阶级社会以前，最早的童话与神话、传说一样，属于原始文学范畴。它反映了原始社会人们的生活、观念和习俗。进入阶级社会以后，童话也打上了明显的阶级烙印，多反映被压迫、被剥削者的心理和愿望。

　　童话一般采用讲故事的形式，讲给少年儿童听，它既属于口头文学，也属于儿童文学。在 20 世纪 30 年代初期，我国把童话称为写给儿童的话，它与神话、传说、寓言、动物故事等没有严格区别。到了 40 年代，才把那些以儿童为读者对象的、具有丰富幻想性、强烈夸张性和传奇色彩的儿童文学作品，称为童话。它是最受儿童欢迎的文学样式之一，也是教育儿童的有效工具。

　　童话写作要注意以下几点：

　　1. 奇特的幻想性。奇特的幻想性是童话写作的根本特点，它是童话写作的基础和灵魂，也是童话区别于其他文学体裁的显著标志。没有奇特的幻想，也就没有童话创作。作者要张开幻想的翅膀，创造各种神奇的童话境界，让少年儿童遨游其中，从而获得精神上的享受和娱乐，促使他们健康成长。

　　当然，童话中的幻想，从根本上讲并不能脱离现实生活，而是在现实生活的深厚土壤里，将那些生活的本质方面，加以集中、概括、提炼、升华，通过幻想的形式，给以折光反映，而不是按照生活的本来面目加以反映。

　　童话中的幻想是丰富多彩、奇特神异的。在童话之中，一切都借幻想形式而存在，小鸟能言，野兽能语，人会飞，物有情，宝物能生财，魔仙通人性，而且出神入化，变幻莫测，超越时空界限，打破了天上人间区别，真是奇而又奇，怪而又怪。

童话中的幻想，必须按照儿童的思维方式、思维规律进行，符合儿童的心理特征，适应儿童的理解和认识水平，而不能胡编乱造。它奇特但不怪诞，自由却不庸俗，有幽默风趣之意，无肉麻、油滑之嫌。

2. **强烈的夸张性**。强烈的夸张性，也是童话写作的重要特征。夸张是文学写作的常用手法，而童话的夸张同一般文学写作相比，有自己的突出特点。这种特点主要是：童话的夸张是强烈的、全面的、多样的。所谓强烈，即童话的夸张，不是一般性的放大或缩小，而往往是将事物引向极端，从而造成突出而强烈的印象。所谓全面，即童话中的夸张，不仅用于修辞，而且用于人物塑造、环境描写、气氛烘托等，是一种全方位的夸张。所谓多样，即夸张的形式多种多样，既有放大夸张，也有缩小夸张；既有对事物性质的夸张，也有对人情事理的夸张；既有正面的夸张，也有反面的夸张。

3. **总体的象征性**。象征性是文学写作的一种手法，但一般文学作品多用局部象征手法，以此喻彼。而童话写作中的象征，往往是总体象征，即通篇故事都用象征手法写作。

4. **一定的逻辑性**。童话虽然利用幻想、夸张和象征等手法对生活进行折光反映，但这种反映并非随心所欲，它还必须讲究一定的逻辑性。童话的逻辑性，是童话中幻想和现实有机结合的一种规律和要求。童话中的逻辑性要做到"幻"中见"实"，"假"中见"真"，使读者读后，觉得它虽然是"假"的、"虚"的、"不合理"的，但由于它符合童话的逻辑，又使人们觉得它是"真"的、"实"的、"合理"的，要做到"假中见真""虚中见实"，就需要奠定童话的逻辑基础，这种逻辑基础便是构成童话的前提条件。

5. **人物的超自然性**。在一些超人体童话和拟人体童话中，其人物形象一般都具有超自然的属性。这也是童话写作的一个不可忽视的特征。所谓超自然性，即童话中的人物有的是现实生活中的人，有的是妖魔、仙女、龙王，有的是动植物，有的是其他事物，如开山石、宝葫芦等，它们都有神奇的本领，巨大的魔力，可以征服一切，战胜一切。这些人物都是幻想的产物，它往往体现了孩子的理想和愿望。是某种奇异功能的化身。正是由于这种超自然性，才构成了童话不同于其他文学作品的艺术本色。

例文:

巧克力弹传奇

李贽

　　这年秋天,白皮肤的 A 国人向黑皮肤的 B 国人发起了进攻。他们进攻的理由是:黑皮肤的人愚昧,进攻是消灭愚昧,捍卫文明。他们宣称要把比他们肤色深的人,赶出地球。

　　A 国是一个军事强国,武器无奇不有:什么球形坦克、西瓜地雷、光速导弹、骷髅机器人、子母航天战斗机、步跳战车等等。还有许多由机器动物组成的部队:什么虎人、狼人、马人、青蛙人、羊人、飞蝗部队、机器蚁、机器蜂……他们来势凶猛,长驱直入,不几天就攻占了 B 国大片国土,还下了战书,限定时间强迫 B 国投降。如果 B 国不宣布投降,他们就发起总攻。

　　B 国是一个主张与别国和平共处、热爱和平的国家。尽管科学很发达,但也只研究激光手术刀、智能汽车一类能造福人类的民用机器。至于武器那太落后了。兵临城下,可急坏了总统克利特。投降吧,就等于向恶势力屈服;抵抗吧,又怕打不过。这可怎么办?三天三夜的内阁会议也未想出个万全之策。

　　熬红了双眼的克利特总统回到家,有气无力地坐在沙发上。小孙子巧力跑过来,摇着爷爷的臂膀,问:"A 国为什么要打我们?"克利特叹了一口气,说:"他们要打咱们,因为咱们皮肤深,他们皮肤白。"

　　"咱们把他们的肤色搞深了,他们就不打咱们了吗?"巧力认真地又问。克利特随口嗯了一声。巧力接着又说:"这好办,让他们吃一些巧克力好了。"

　　"什么,巧克力?"爷爷不解地问。

　　"那当然,往巧克力里多掺一些特殊色素,让他们一吃就变黑。"巧力解释说。"那太好了!"爷爷高兴地上前搂住了巧力。但转念一想,又说:"可怎么制造这种巧克力呢?"巧力说:"这件事我包了。"爷爷没别的办法,只好答应了。

　　三天过去了,五天过去了……离最后期限没几天了,克利特焦急不安。

　　这天,巧力兴冲冲地跑进屋来,对克利特说:"爷爷,一切准备就绪,请您去视察。"克利特莫名其妙地同孙子来到了一片竹林里。只见地上长满了竹笋。巧力挖了一棵，放在爷爷手里。克利特这才发现原来竹笋竟是一个个加力巧克力子母导弹。一发导弹内含上万颗小加力巧克力子弹。而且每发导弹底部都长有根式弹力发射器。原来，这些都是把巧克力与植物基因混合在一起，培植出来的。

"啊，太好了！"克利特激动地抱起巧力。

在一个清晨，B国部队悄悄地把A国军营包围了。这时A国军队自以为有防武器磁场而高枕无忧，还在开庆功宴呢。他们万万没想到B国不用普通武器，而用了巧克力弹。

"轰隆隆！"大地在颤抖，进攻开始了。A国士兵只抵抗了一会儿，就发现B国打来的全是巧克力，他们马上放下武器，大口大口地吃起"子弹"来，还不时地发出"OK！OK！"的赞叹声。等他们发现自己的皮肤已变得同B国人的肤色一样时，已经晚了。同时，B国还向A国境内发射了数以万计的巧克力导弹。A国全国的人都变成了深皮肤人。

两国人的肤色都一样了，A国只好撤兵了。从此两国和睦相处，人民安居乐业，再也不存在种族歧视了。

第*88*讲 小小说写作

小说是运用典型化的方法，通过叙述人的语言，来展开故事情节，描绘生活环境，塑造典型人物形象，借以表现主题思想的文学体裁。小小说又叫微型小说。广义上也属于短篇小说，在狭义上，小小说是比短篇小说篇幅更短的小说，长则千余字，短则几十字。微型小说情节单纯，人物极少，多则三五个，少则只一个。

小小说具有以下特点：

一是人物形象刻画细致。小小说"真实地再现典型环境中的典型人物"，小小说不受真人真事的限制，作者可以在符合生活逻辑的基础上，张开想象的翅膀，根据主题的需要，配备人物，安排情节，从各个角度，运用各种手法，对人物作深入细致的刻画。通过鲜明的个性描绘，展现生动的人物形象，使某一类型人物的共性得到充分的反映。

二是典型环境描绘具体。为了塑造典型人物形象，必须描写人物生活的环境。环境描写在小小说中，需要展开笔墨，写得具体、细致。环境，包括社会环境和自然环境。小小说侧重描写社会环境，注重把社会环境的描写典型化，使之成为典型环境。

三是故事情节完整生动。小小说要细致而多方面地刻画人物，就必须有事件，而事件的连续过程，就构成作品的故事情节。小小说连贯地叙写完整、生动的故事情节，并精雕细刻，创造出典型化的故事情节。

四是篇幅短小，文字精练。短则几十字，长则几百字千余字，一般不超过2000字。

小小说写作要做到以下几点：

1.开掘好题材。小小说的写作首先要在题材的开掘上下功夫。作者必须对主人公的生活有一个细致的了解，把握住他的生活中的主要矛盾，抓住那些最能反映他的性格特征的生活方面，通过自己精巧的艺术构思，把各种有关的矛盾和斗争，巧妙地集中到最有典型意义的生活方面上来。同时要对所选取的材料作深入的开掘，以使主题得到进一步的提炼。提炼主题，离不开作者对生活的观察、体验、研究、分析。只有当作者深切地理解了主人公生活中的许多事件的社会意义，并由此而获得了一个深刻而新颖的思想的时候，人物和事件才能有机配合，作品的轮廓才能基本形成。作品的主题也才能得到较深刻的反映。

2.描写好人物。小小说是以刻画人物为中心的。创作时，要遵循人物典型化的艺术法则，创造出各种各样的人物来。小说的人物描写，应当是完整、丰满的。一是要明确地、突出地写他们"做了什么"。这是人物形象能否在作品中树立起来的关键。在小小说写作中，要把人物形象写好，必须把他的主要事迹突现出来。二是生动、形象地写出作品中的人物是"怎样做的"。要使作品发挥它的感染、教育作用，必须栩栩如生地把人物的行为、动作、表情、言谈具体地描绘出来，使读者如闻其声，如见其人。三是深刻揭示出作品中的人物"为什么要这样做"和"为什么能这样做"。要把人物行动的主客观原因交代清楚，并合乎情理地写出人物所作所为的结局。不光是写出行动的直接结果，更重要的是写出行动的社会影响和深远意义。

上述两方面并不是一成不变的模式，而是人物描写的必要内容。这些内容要靠具体的方法描写出来。人物描写的方法有多种，主要有肖像描写、行动描写、语言描写、心理描写、细节描写等。

肖像描写就是对人物容貌、体态、衣着、神情的描写。人物的内心世界和外形特征是有联系的。好的肖像描写，能通过描写人物的外貌，表现人物的性格特征，反映人物的精神面貌，起到传神的作用。肖像描写要注意简洁，抓住人物的特点来勾画，一定要"形神兼备"地写出人物的个性特征，力避千人一面的"脸谱化"描写。

行为描写是人物描写的重要方法。行动是人物性格的具体表现，通过描写人物的具体行动，以展示人物性格。人物的行动往往是由一系列的动作构成的。要善于抓住人物具有特征意义的动作来描写行动，刻画人物形象。

语言描写能反映人物的思想和性格特征，表现人物精神面貌。语言描写最好同行动描写结合起来进行。语言和行动相互映衬，对刻画人物性格有重大作用。人物语言的描写要符合人物的身份、文化程度、经历，反映出人物的思想感情，表现出人物的性格特征。人物语言应当个性化，要通过那些符合人物特点的语言来反映人物独特的个性，刻画人物的形象。

心理描写是指对人物在一定环境中的心理活动的描写，其作用主要是揭示人物的内心世界，表现人物的思想感情。描写心理活动，可以让人物用内心独白直接吐露自己的想法，也可以由作者从旁对人物的心理活动进行描述分析。心理描写要适当，不宜过多，不宜冗长。一般是在写到人物内心发生矛盾冲突或感情激动时才插入心理活动的描写。在人物回忆往事、憧憬未来时，也可插入适当的心理描写。而在情节发展特别紧张时，一般都不宜插入心理描写，以便保持情节的连续性，使情节的吸引力不致减弱。

细节描写是对重大情节描写而言的。成功的细节描写，往往能通过一些具有典型意义的细小动作、细微的生活情节，写出一个人的特点，表现一个人特有的精神面貌。细节描写要服从表现主题思想的需要，应力求使每一个典型细节都具有深刻的意义。细节描写要简练、精当、精练，繁杂的细节往往会淹没作品的主题，成为冗笔。

3. 安排好情节。小小说的情节，一般有开端、发展、高潮、结局四个组成部分。开端，一般是交代故事发生的契机，介绍人物，提出矛盾，为情节发展做好必要的铺垫。小小说的开端，宜开门见山，直接接触主要事件，力避冗长的叙述和烦琐的描写。发展，是把"开端"提出来的矛盾充分展开。在整个故事情节中，它的分量最重，篇幅最长，是刻画人物、表现主题最重要的部分。高潮，是在"发展"的基础上，把矛盾冲突推向顶点，使之达到必须立即解决的程度。作品的高潮，能揭示矛盾冲突的本质意义，使人物性格和主题思想更为充分、突出地表现出来。结局，是矛盾冲突发展的必然结果，也就是说，使前面提出来的矛盾得到了彻底解决。

以上小小说的情节的四个部分是相互联接着的，但它不是一个固定不变的公式。有的小小说，颠倒了它们的顺序，把"结局"提到"开端"前边去，有的小小说，没有明显的情节发展，只是描绘了人物的经历或事件过程。在创作实践中，究竟怎样安排情节，这要根据突出主题和塑造人物的需要来决定。

小小说的情节的安排要曲折生动。如果直来直去，一览无余，读者便会感到味同嚼蜡。一般情况都是在"开端"部分提出一个矛盾，造成一种悬念，系下一个"扣子"，然后在"发展"部分，为解决这个矛盾，又出现几次反复，造成几次起伏。看来矛盾缓和了，实则又出现了新的矛盾。到了"高潮"部分，则往往出现意料之外、情理之中的偶然性情况，或者用"巧合"，或者用"误会"，或者用"突变"等手法体现出来，形成更为扣人心弦的悬念。最后，再根据前面一系列的铺垫，合情入理地解决矛盾，做到悬念尽释，这样，才能使情节发挥它应有的作用。

4.组织好结构。小小说结构应具有严密紧凑的特点。为了使结构严密紧凑，常要注意以下一些写作方法：一是抓住有利时机，引导主人公及早登场。小小说的主人公在作品中出现时机是很重要的。应该选择有利时机，使之及早出场，这样才能自始至终抓住读者的视线，吸引读者的关心。主人公出场得早，情节都围绕着他迅速展开，结构也就显得紧凑，否则，就会显得松弛。二是多写人物的行动，少作冗长的心理描写。人物的行动，构成情节的连续进展，形成读者的动态感觉。一个行动接着一个行动而来，情节不断推移，事件不断展开，人物性格不断显现，这样就能吸引读者。三是紧扣主题，突出主要人物和中心事件。小小说要使结构严密紧凑，必须根据表现主题的需要，分清人物和事件的主次，集中笔力描写主要人物和中心事件，对非主要人物和事件，或略写，或虚写，或干脆删除。如果主次不分，平均使用力量，不仅会使结构散漫杂乱，而且会使主题模糊。四是注意前后情节的呼应。在展开情节时，将某些关键性的情节，有意造成前后呼应的形式，以增强结构的严密性和紧凑性。

例文：

等待

李 赟

在人声鼎沸、喧闹异常的集那头，站着一位十三四岁的小姑娘，她手提尼龙带编织的小菜篮，背向菜市场，不时地踮起脚来，遥望远方。她在急切地等待着什么。

太阳从云中挤了出来，刹那间集市上增添了无数朵五颜六色的伞花，硕大的遮阳伞棚一排排遮住了一个个卖菜的摊位；小巧的遮阳伞帽一顶顶给买菜的人送去了一份份清凉。

小姑娘没想到天会变，她没带伞。盛夏的太阳也太不留情了，不大一会，她汗流浃背。脸晒红了，胳膊晒红了，但她没有离开，她还是急切地等待着，任凭汗水顺着鬓角、顺着额头流下来，流下来……

她叫小芳，今天，爸爸妈妈上班，她买菜。当她接过妈妈给的购菜单时，高兴地边唱歌边下了楼，菜单上净是她喜欢吃的菜。

刚来到菜市场，就远远地望见班主任张老师。放假前张老师的话又响在耳边："暑假前三天为'孝敬父母日'，要多为父母着想、做事。"

想起父母小芳激动不已，妈妈每次买菜都问问她爱吃什么，而妈妈自己爱吃什么却很少考虑。爸爸也是这样。慢慢家中吃菜的爱好被女儿同化了。记得考上省重点中学奥林匹克班那天，爸爸妈妈高兴得不得了。爸爸说："要多买几种小芳喜欢吃的菜，摆个家宴好好庆贺一番"，妈妈为了买全菜，骑自行车30多里路，跑遍了三个菜市场，回来时，全身衣服湿淋淋的。

但毕竟爸爸妈妈也有自己喜欢吃的菜，小芳曾听爸爸说过，也听妈妈讲过，但为了女儿，他们放弃了。小芳想起了她八岁那年爸爸给她讲的辣椒趣事：

那是爸爸调回北方，结束全家两地分居生活的第一年。这天，妈妈买来爸爸最喜欢吃的"指天椒"，菜炒好还没上饭桌，就把小芳辣出了泪。爸爸边津津有味地吃边讲："我在南方十几年，我住的那个地方是无辣椒不成地，无辣椒不成菜，每块地，每道菜，餐餐都有辣椒。"接着讲了两个小故事：一天，一个妈妈抱着一个哭闹的儿子，怎么哄都还哭，后来妈妈塞给儿子一个辣椒，儿子吃起来，才不哭了。还有一个大汉不小心掉在一个枯井里爬不上来，有个人拿来一串辣椒放在井边，那大汉一见，"噌！"地一声从井里窜了上来。

爸爸讲的故事意在启发大家吃辣椒，妈妈乐了吃了，而小芳就是不吃。从那以后，爸爸就不再吃辣椒了，一晃五年过去了。

五年过去了，女儿长大了。

今天，小芳没有按妈妈的购菜单买菜，而是买了爸爸妈妈喜欢吃的花菜、空心菜、香菜、苦瓜……只剩辣椒没买到。北方吃辣椒的人少，种辣椒的人也少，卖辣椒的人更少。但小芳坚信会有人来卖的，会等到的。

等啊，等啊，太阳烤得集市上的人渐渐少了，可小芳还在等待……

后　记

本书的写作得到许多同志的热情帮助和支持。董国全、徐若华、赵增贤、聂中东、李赟、杜锦、张世明、孟兴华、王江根、王云、王涛、孙全党等同志提供的精短文精品;《光明日报》《解放军报》《中央电视台》《黑龙江人民广播电台》《潇湘晨报》和新华网、荆楚网、河北威县新闻网等新闻媒体刊发的宋歆、刘化迪、樊云芳、夏浩然、王春莉、李晓平、孙连君、宋良斌、刘恒、陈瑞商、陈骏、强勇、闫睿的精短文范例,以及有关专家学者的著作,为本书提供了宝贵的参考和引用资料。中国文史出版社编辑同志们在本书选题和成书过程中,花费了大量心血。谨在此,一并表示诚挚的谢意!

本书不当之处也敬请大家惠正。

作　者

2021 年 3 月